U0525841

名家读书

耕海一二三
——杨义谈读书与治学

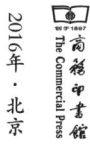

商务印书馆
2016年·北京

图书在版编目(CIP)数据

耕海一二三:杨义谈读书与治学 / 杨义著.—北京：商务印书馆,2016
ISBN 978-7-100-12168-2

Ⅰ.①耕… Ⅱ.①杨… Ⅲ.①读书方法 ②学习方法 Ⅳ.①G792 ②G791

中国版本图书馆 CIP 数据核字(2016)第 071236 号

所有权利保留。
未经许可,不得以任何方式使用。

耕海一二三
——杨义谈读书与治学
杨 义 著

商 务 印 书 馆 出 版
(北京王府井大街36号 邮政编码100710)
商 务 印 书 馆 发 行
北京新华印刷有限公司印刷
ISBN 978-7-100-12168-2

2016年7月第1版　　开本 880×1240　1/32
2016年7月北京第1次印刷　印张 9 1/8

定价:40.00元

杨义到英国访学,坐在莎士比亚故居门槛上。

杨义提倡建造中国心灵时，注意外国的经验。这是他在剑桥三一学院牛顿苹果树前。

杨义与研究生畅谈"先秦诸子还原四书"。

杨义部分著作

前　言

书的世界是一个气象万千的世界，可以涵养人们气象万千的性灵。人性而有灵，端赖书籍点点滴滴的滋润和涵养，由书籍来疏通郁积和创伤，由书籍来增强智慧和兴趣。不妨这样说，读书有如饮清泉，甘洌可喜；读书有如品浓茶，苦涩提神。总之，读书能够使人知道世间凡百滋味，拓展人们海阔天空的心胸。也可欣慰者，是我一辈子都在读书，没有怠慢书，逐日披卷，兴味日深，真所谓漫漫长途，以苦为乐，倍增其乐，收获了一个丰富、充实而博洽的心灵。记得欧阳修说过："读苏轼之书，不觉汗出，快哉！老夫当避路，放他出一头地也。"从别人书的高明处感到自己的不足而称快，是何等胸襟，唯此才能懂得何为"以书为友"，何以感受到"一点浩然气，千里快哉风"了。读书不能囫囵吞枣，应该仔细咀嚼滋味，乐中嚼出苦，苦中嚼出乐，甘中嚼出涩，涩中嚼出甘，深度咀嚼，细嚼慢咽，才能使书与心连结起来，成为棒打不散的鸳鸯。也就是说，读书之乐，应是二分兴趣，三分无奈，五分执着，以苦为乐，才是真乐，乐在心灵深处，才能领略到其中的滋味绵绵兮久长。

谁人不知，囫囵吞枣，是读书的大病。有一则笑话说：有人评议"梨益齿而损脾，枣益脾而损齿"，一个呆子想了很久，才说："那么，我吃梨就嚼而不咽，不能伤我的脾胃；我吃枣就吞而不嚼，不能伤我的牙齿。"大家哄堂大笑："你真是囫囵吞却一个枣也！"我似乎还能克服囫囵吞枣的毛病，能够含英咀华，但又有朋友半夸半嘲地说：你读书读成了精。其实，岂敢！孙猴子是精，但我已有言在先：书把人与猴子分了类。我和孙猴子非其族类，不敢高攀，假如妄意求之，取辱而已矣。我无论怎么学，就像拼命三郎石秀那样挥舞杆棒，汗流浃背，也变不出孙猴子的金箍棒，不会精灵到七十二变，大闹天宫与二郎神交战，滚下山崖，变了一座土地庙，张口为庙门，牙齿变做门扇，舌头变做菩萨，眼睛变做窗棂。只有尾巴不好收拾，竖在后面，变做一根旗杆。鲁迅小时候读《西游记》，读到这个细节，是笑出声来的，他到了知天命之年，还对这个细节津津乐道。假如不信，请看鲁迅的《花边文学·化名新法》，就还保留着这份天真，记录了孙猴子的这种花招。我辈自然不能如孙猴子作此神通变化，只配苦学精思，潜心孤往，苦乐兼杂。

如果说能够坐得稳冷板凳，却也并非虚言。这一点"坐功"，对于一个读书人非常要紧，我是不会忘记、不敢懈怠的。这也就是历史学家范文澜说的"板凳须坐十年冷，文章不写半句空"了。那可是真功夫，靠坐冷板凳，换取真才实学。话又说回来，今日读一本，明日读一本，读得多了，慢慢地也摸到了一些窍门。套用佛学的话头：居世间与书为生死不得离，那就只能以苦为乐，非常为常，是为思想颠倒、为意颠倒、为见颠倒。在读书中，把自己的思想和书中的思想颠来倒去的比量，是可以收获"非常为常"的精神超越和思想彻悟的。读书须有把冷板凳坐热的恒心，才能积累学识，开通智慧的灵窍。

对于"成精"这个话头，也可能有人指着本书里收录的文章题目说，"开窍可以使读书成精"，这不是"成精"又是什么？于是我无言以对。仔细想将起来，此"成精"非彼"成精"，其中并无丝毫神秘，无非指坚持不懈地读书为文，精诚所至，金石为开，如《后汉书》记述张衡模仿班固的《两都赋》，作《二京赋》，"精思傅会，十年乃成"。这就是人们经常挂在口头上的"十年磨一剑"了。当然也可以指开卷认真，精益求精，密益求密，或如前人所云"古文须从王荆公（王安石）刮磨一过，古诗须从黄山谷（黄庭坚）刮磨一过，此即韩公（韩愈）'陈言务去'之义，足医下笔率易之病"，追求的是"致广大而尽精微"，是从读书中听到智慧的笑声。假如废书不观，不去请韩愈、王安石、黄庭坚等一流高手来打磨一番，那么所谓智慧也就等同马勃牛溲了。

请注意，我这里说的是"开卷认真"，而不是习惯说法"开卷有益"。这是由于现时代各类书籍铺天盖地，有的提精神，有的伤精神。阅读起来，有的是"正阅读"，有的是"〇阅读"，有的是"负阅读",对人的损益甚是悬殊。因此开卷是有益、还是无益,还要"认真"考量和选择,即所谓"世界上怕就怕'认真'二字"是也。书海航行,需要认真选择航道,以便"直挂云帆济沧海",不至于触礁沉没,葬身鱼腹。读书须选择,以"读好书"求"读书好",这才是明智之举,是对自己负责任的行为,切记切记。

本书辑一是"读书的窍门",讲的是读书之道和读书之技。读书不可卖弄窍门,却又不可不寻找窍门。读出智慧的笑声,就是把智慧作为读书的一根弦,投入智慧,撷取智慧。不投入智慧,书是死书;不撷取智慧,人是呆人。既投入又撷取,就把读书当成精神的艺术体操,翻身跳跃,活泼刚健,精神一爽,拍案惊奇。读书也须注意读书的战略,王国维在《人间词话》中说的"三种之境界",其实就蕴含着读书、治学的战略:"古今之成大事业、大学问者,必经过三种之境界:'昨夜西风凋碧树,独上高楼,望尽天涯路'。此第一境也。"讲的是读书治学要"独上高楼",立足点要高,然后纵观博览而弄清其来龙去脉,就是"望尽天涯路"了。"'衣带渐宽终不悔,为伊消得人憔悴。'此第二境也。"博览之后要精思细察,为破解其中奥妙,而殚思竭虑,哪怕劳神费力、颜容憔悴,也在所不辞。所求的乃是"'众里寻他千百度,蓦然回首,那人却在灯火阑珊处'。此第三境也"。千寻百觅,上下求索,终至豁然开朗,体悟到"地法天,天法道,道法自然"的学理通则而获得精神的自由。为学也就成了精神的艺术体操，读书时兼顾上下古今、前后左右，涉及古今中外，注入人情物理，在空间中读时间，在时间中读空间，融古今于一瞬，悟真谛于寸心。于此期间，人文地理学、历史编年学的思想方法应该经常运用，它是将知识精确化，化入人的精神肌理的两把钥匙。有了这两把钥匙，你就可以大喝一声："芝麻开门！"打开治学的门径。

至于本书的辑二"治学的途径"。端是学海苍茫，敢问路在何方？其实，路就在脚下。读书是走向治学之路的一级级台阶。书读得多了，见识得多了，"操千曲而后晓声，观千剑而后识器"，通晓文献，比较参证，有所识见，再加上必要的学科训练，治学之举也就水到渠成了。治学并无神秘，关键是知道怎样入门，而不是在门外徘徊。入门之处，确实存在着如陆游所说"山重水复疑无路，柳暗花明又一村"的扑朔迷离的情境。但是只要明白治学重在创新，要善于在芜杂的材料中发现前人没有解决、甚至没有提出的新问题，然后以大量的证据，从前后左右的各个层面和角度，进行逻辑严密的推衍论证，就可以得出自己的创新见解。在这里，敏锐的"问题意识"是关键。找出了有价值的问题，就找出了通向治学的路，如鲁迅说："其实地上本没有路，走的人多了，也便成了路。"在无路中拓路，乃是治学的本质所在。

最有效的治学方法和路径，也是与读书相关，就是直接面对经典作品本身。以大眼光看问题，中国拥有这么丰富深刻的文化经典和文化经验，完全应该创造出世界上第一流的文学理论体系。最要紧的是发现中国经典的原创权，把"发现原创"这四个字作为基本的思维方式。就个人而言，当然只能在"发现原创"上做一枝一节的事情，但是要使这一枝一节有方向、有意义，必须要有全局性的大眼光。比如要真正读懂文化中国，必须从它的源头《论语》、诸子，《诗经》《楚辞》开始。这就有必要追问：《论语》为何叫《论语》，而不是按照其他子书起名为《老子》《庄子》《孟子》《荀子》的通例，称为《孔子》？《论语》是何时经过几手编纂成的，为何在二十篇中有六个弟子的名字上了篇题？《论语》对孔子之言，有"子曰"、"孔子曰"、"夫子曰"三种称谓法，缘由何在？那些"子曰"多是语录体，是否可以从考订编年入手，恢复说话的时间、地点背景，重现当时的历史现场？这些都是两千多年来没有认真解决，甚至没有加以关注的问题。能如此提出问题，就是"问题意识"的效应了。尽管要解决这些问题，需要很深的学术造诣。然而对于这些基本问题，如果任凭模糊了事，或随意为说，是会成为我们的文化软肋的。软肋久存，直接影响了对经典的认知，更无从在经典的字里行间发现古人的生命痕迹、文化基因和智慧的脉络。这就要求我们能够大处着眼、小处着手，眼光如炬，心细如发。

读书与治学，都应当作一种生命的投入，使之成为你的另一种带有智慧的生命形式，带着你的生命和智慧的体温。这样，读书时就要重视自己的第一感觉,因为感觉联系着人的活生生的生命。感觉也许还是朦朦胧胧不成体系的,但它包含着你的思想的萌芽,是非常宝贵的,要抓住它、重视它,而不要让很多概念蒙蔽了自己的眼睛。有感觉,才有悟性。我之研究文学,非常推重悟性。文学之为物,本身就是充满异常灵性,研究文学而没有悟性那是不可理喻的。正如钱锺书所言:"学道学诗,非悟不入。"当然,悟不是凭空而悟,而是在丰富的材料基础上的即物而悟。冯友兰在谈论中国哲学史史料学时,提出了搜集史料要"全",审查史料要"真",了解史料要"透",选择史料要"精"。这全、真、透、精四个字,就是感悟之源。治学要做实实在在的学问,要用多重证据来做学问。证据充分,才能洞悉源流,返回根本。我主张治学要回到中国文化原点,对中国文化进行一种还原性的研究。所谓还原,就是对中国文化基本事件的总体脉络,中国文化重要现象的生命特征,进行实证性的回溯和呈现,在根本上就是为了考察和发现中国文化的原创性存在。湖北荆门市郭店楚墓竹简《成之闻之》说:"是君子之于言也,非从末流者之贵,穷源反本者之贵。苟不从其由,不反其本,未有可得也者。"这种"穷源反本"思想,就是我们所说的"返本还原",它是蕴含着非常深刻的文化智慧的。或者可以概括成生命的还原,思想过程的还原,文化基因的还原,民族思想文化发生的丰富复杂脉络的还原,这"还原四义"。

应该看到,除了读书之外,治学的途径呈现为丰富的形态。

我曾经提出"治学五路径说"。1924年章太炎批评当时的大学教育只重"耳学",就是指用耳朵去听讲的这路学问,而不重"眼学",不读原始著作。他提出学问首先要用眼学,读原始经典。他是把眼学作为进入学术的第一法门。由此进一步推衍,治学的路径,除了眼学、耳学之外,起码还有"手学",要动手去搜集材料;有"脚学",读万卷书,行万里路,用脚去作田野调查;此外还应该有"心学",用心去体验、辨析和思考。既然天生吾身,赋予多种感应器官,我们就应该把它们充分调动和运用起来,以心灵头脑来统筹调动手、脚、眼、耳之学,综合为用,力争把学问做深、做透、做大。这就是治学的五路径:眼学、耳学、手学、脚学、心学。

其中对于脚学,即"文学的田野调查",可以多说几句。以田野调查拓展文学研究的知识视野,可以在寻访文化遗迹、遗址中,身临历史现场,睹物怀古,思绪穿行于古今,不断地思考古往今来的文学浮沉盛衰。可以搜集文化名人的族谱和其他地方文献、遗迹照片、古贤画谱,可以同对古贤掌故、地方文物了如指掌的当地专家进行深入的对话。面对前人曾经登临作怀古诗词的地方,思考着历史是否可以和如何能够复原,情景现场产生了"文化回音壁"的效应。脚踏在这方土地,心连着文学的脉络,遗址撞击着心灵,访谈纠缠着思绪,文献修补着残缺。田野调查可以激发你对历史的深层思考、对文学的透彻感悟。这就把治学做成一种面对苍茫大地的开放性学问了。脚踏大地的开放性，是治学成功的心理状态。在这个知识系统里面放进另一个知识系统，可以在知识碰撞中产生创新思想的火花。比如在文学研究中放进考古学，或在文学研究中放进地理学，或者汉语文学研究中放进少数民族文学，新的维度进来之后就触动对话，智慧是在交叉中获得升华。学科的进展往往是在一种学科视野中增加另一种学科视野，产生了对话关系，生成了新的学思空间。

读书与治学，二者构成同一个生命共同体，是一个铜板的两面。读书是治学的初阶，治学是读书的登堂入室。二者都会遭遇种种迷津，都以破惑解疑，渡过迷津为乐事。记得唐人为玄奘的《大唐西域记》作序，称赞玄奘法师：廓群疑于性海，启妙觉于迷津。虽然所渡迷津有异，但廓疑觉迷，都是读书治学之人要做的功夫。渡过迷津，那就可以从从容容、神清气爽地探索精神的泉源了。中国文学和历史还存在着诸多千古迷津，需要我们博览精思，锐意探求，造宝筏而渡迷津，使文化家底了然于心，以便灌注充沛的元气于现代文化创新之中。

2015 年 1 月 22 日

目 录

前 言

辑一 读书的窍门

从读书听取智慧的笑声
　　——中央电视台《文明之旅》节目纪实……………3
开窍可以使读书成精………………………………28
读书的战略与治学的兴趣
　　——杨义访谈录（赵稀方访谈）……………44
"小泉居"读书杂谈…………………………………95
读书的启示及方法…………………………………121
读书之学与讲演之术………………………………145

辑二　治学的途径

学海苍茫，敢问路在何方？
　　——治学的五条路径…………161

治学路上的足迹和心迹
　　——答《中国教育网》主持人…………200

材料·视野·方法
　　——杨义学术访谈录（安文军访谈）…………221

重构现代中国学术方法
　　——杨义教授访谈（袁盛勇访谈）…………253

辑一

读书的窍门

从读书听取智慧的笑声

——中央电视台《文明之旅》节目纪实

主持人：观众朋友们，大家好！欢迎收看这一期的《文明之旅》。高尔基曾经说过，书籍是人类进步的阶梯，在生活当中，我们每个人都离不开读书，也离不开书籍，然而现在生活的节奏越来越快，在书海当中该如何挑选书籍，如何读书才能够最有效率。读书又能给我们带来怎样的快乐呢？今天我们请来了中国社会科学院学部委员、文学研究所原所长杨义先生，为大家聊一聊读书之乐。掌声有请杨义先生。

杨义："文明之旅"是一面漂漂亮亮的云帆，"长风破浪会有时，直挂云帆济沧海"。今天，我们就以书为帆，驶进人类世界的沧海，驶进百姓心灵的沧海，领略那"沧海月明珠有泪，蓝田日暖玉生烟"的无限美景与情缘。

主持人：您好！杨先生，欢迎来到《文明之旅》。今天我们聊的是读书的话题，那在这儿我也想问一下杨义老师，您呢，到今天为止读了多少本书,您自己有过统计吗?

杨义:我估计,我读的书恐怕不在一万本以下。我想,这一辈子都在读书,书已经与我的生命打成一片。

主持人:哦,超过了一万本。

杨义:只在写《中国现代小说史》的时候,就读过专业书刊两千多种吧,还有相关材料几百种。以后我在贯通古今的研究中,又总是以读书作为第一级台阶,顺着这个台阶走入学问的堂奥。对于我而言,书是生命的风帆,承载着生命驶向人生的沧海,在那里可以经风浪,可以看云霞。

主持人:对您来讲,读书之乐在哪儿呢?

杨义:首先要看到,读书之乐,在于读书印证了我是一个文明人,可以进行文明之旅的人。读书是人类知识传承的最重要的方式。不能在汲取知识的过程中获得欢乐的生命,是没有色彩、没有味道的生命,是将要凋萎的生命。人和动物不同,你在动物园里看见一个猴子在看书,会觉得它很可笑,但是你要在幼儿园里面,或者在家里看到一个小孩在看书,会说这个小孩有出息。这就说明,读书是人类之所以为人类的"类"的特征。要怎样证明你是一个文明人呢?那你就从读书中得到知识的交流,听到智慧的笑声,看见生命的秘密吧。

主持人:嗯。智慧也有笑声。

杨义:书是智慧的结晶,你读它,它怎么能不笑逐颜开呢?从南北朝开始,我们中国人在给小孩做周岁的时候,就有一种叫"抓周"的仪式,就在小孩的面前放着书籍,笔、墨、纸、砚、算盘啊,刀枪剑戟啊,金银财宝啊等等,看他伸手抓哪一样,讨个好彩头,用来预卜孩子将来是否有出息。(按:《颜氏家训·风操》记载:"江南风俗,儿生一期(即一周岁),为制新衣,盥浴装饰,男则用弓、矢、纸、笔,女则用刀、尺、针、缕,并加饮食之物及珍宝服玩,置之儿前。观其发意所取,以验贪廉愚智,名之为试儿。亲表聚集,致宴享焉。")书籍,在人之初就进入了家庭期许的人生仪式。当然也放着其他东西,任你选择。

主持人:包括胭脂啊,胭脂也放在面前。

杨义:《红楼梦》贾宝玉周岁的时候,家族也给他举行抓周仪式,贾宝玉一手就拿着胭脂,这引得贾政大老爷大发脾气,骂他"酒色之徒也",说他将来只配当个酒色之徒。如果贾宝玉那时抓着书籍,或者抓着乌纱帽,那么可能全家都会兴高采烈。在古时候,讲究诗书传家的家族传统。那么,读书的乐趣是什么呢?读书可以使你超越一切时间和空间的距离,获得智慧的启迪和精神的愉悦。你可以今天跟李白杜甫交谈,明天跟荷马但丁交谈,中间交叉着跟莎士比亚、歌德交谈,都是零距离的,来去自由,不用他们发请帖,也用不着去办护照和签证了。是吧,你愿意到哪个时代、哪个国家去都可以,就是说,书籍把人的精神放大了,放大得无际无涯。就像庄子说的:"吾生也有涯,而知也无涯。"因此必须以读书将自己的精神放大,把自己的思想放飞。

主持人：嗯，您这么一说好像打开了一个时空穿梭器，突然穿越到几百年或者一千多年前和古人开始了面对面的交流。那您来讲，读书改变了您什么呢？

杨义：因为我是出生在农村里，五岁就放牛，是外祖父家一头后腿互相拌蒜的小牛。有记者说我是"从田沟水塘里拉上来的研究员"。要改变艰苦的环境，那时候就靠读书，读了记住，记住后通窍，参加考试就逢考必胜，高考你就考胜了，考研究生你就考胜了，那么你就在不断地改变着自己的命运。书在改变人的命运中，改变了人的精神构成。

主持人：那个时候读的是有限的教科书，是吗？

杨义：不要小看教科书，教科书在原始知识储备上，影响了一代青少年。那个时候我们在农村里啊，我的读书环境，叫做"多见树叶，少见书页"。我父亲读过两年私塾，他会背《千家诗》《唐诗三百首》和《古文观止》的许多篇章，对《论语》《孟子》也读得很熟。我小时候就听我的父亲在傍晚时分，坐在小板凳上，吟哦着"云淡风轻近午天，傍花随柳过前川"。他用古声古调来读的，就是耳濡目染，口耳相传了。你从这里感觉到，好像是在听一种音乐，一种天籁，感觉到一种心智上的惊奇，原来古人对春天是这样看、这样享有的。比如说"春宵一刻值千金，花有清香月有阴"，这些诗句读起来都是音韵铿锵，从这里面我就学到了平仄啊，对仗啊，这些东西的美妙之处。我对诗的最初体验，是从耳朵里听来的，后来我研究唐诗，就讲究声情和气象。可见少年的诗书因缘，影响了人的终生情趣。

主持人：这得算是间接读书获得的一种音乐的快乐。杨义先生您能现场用那个古声古调给我们朗诵一段吗？咱们听听好不好？这都失传了，听不到了。

杨义："春宵一刻~~~值丨千~~金"，他本来是用广东话来唱的，我翻译成普通话了。"花有清香~~~月丨有~~阴……"。这是用平仄声韵，来制约声调的表达的，抑扬顿挫，在少小的心灵中荡漾。这就使得我逐渐明白了在《康熙字典》中读到的"四声歌诀"："平声平道莫低昂，上声高呼猛烈强，去声分明哀远道，入声短促急收藏。"后来才知道，这是明朝释真空的《玉钥匙歌诀》。吟诵确实是一把"玉钥匙"，可以打开心灵的关锁。

杨义：我们讲读书，讲读书之乐，乐和不乐只是一种态度。白居易《咏所乐》说："兽乐在山谷，鱼乐在陂池。虫乐在深草，鸟乐在高枝。所乐虽不同，同归适其宜。"要寻找到适宜自己的书，也得费一番心机。实际上读书有时是很苦的。比如说你们（安仁良、博比肯）刚开头让你读中文的书，就苦得不得了。又要背单词、认字形什么的，但是等到你进入了意义层面之后，就有快乐了，能从里面发现很有趣的事情，很有趣的问题。比如说鲁迅、钱锺书小时候都喜欢读《西游记》，儿童的好奇心、想象力都可以从中获得释放。鲁迅小时候看《西游记》，他特别感兴趣的是什么呢？他说孙悟空大闹天宫，和二郎神打斗的时候，互相施展七十二变的本事，从天上打到地上，孙悟空滚下山来，变成一座庙，嘴变成庙门，眼睛变成窗户，舌头变成菩萨。尾巴没地方放，就变成旗杆，插在庙的后面。这就奇怪了，大家都在庙前竖旗杆，它的旗杆竖在后面，肯定是那个猴头耍的花招。二郎神就要用三尖两刃刀去捣它的窗户，就是孙悟空的眼睛。儿童读到这类变化和出错，心里乐滋滋的，他们感到吴承恩这个作者，是有点童心，有点幽默的。鲁迅写《阿Q正传》，他为什么叫阿Q啊，他说我喜欢这个大写的Q字，圆脑袋背后那条辫子。中国人在清朝就拖辫子的，英文叫做"猪尾巴"（pig-tail），那么鲁迅就是用辫子这个意象来解剖中国人的国民性。鲁迅是很深刻的，又是很老成的，但他的精神深处有童心。阿Q这个文学典型已经出现七八十年了，许多画家给阿Q画过各种各样的图像，丰子恺画过，彦函画过，赵延年画过，蒋兆和画过，范曾、丁聪也画过，外国的，比如说俄罗斯、日本人的翻译本上也出现阿Q像，但是你把所有的这些阿Q放在一起，没有一个相同的。

主持人：一千人心里有一千个哈姆雷特。

杨义：但是，这些阿Q像都有一个共同点，比鲁迅所讲的阿Q老。鲁迅说，"我的意见，以为阿Q该是三十岁左右，样子平平常常，有农民式的质朴，愚蠢，但也很沾了些游手之徒的狡猾。……只要在头上戴上一顶瓜皮小帽，就失去了阿Q，我记得我给他戴的是毡帽。这是一种黑色的，半圆形的东西，将那帽边翻起一寸多，戴在头上的。"鲁迅写的阿Q三十岁左右，而立之年，但是画家们画出来的阿Q，要承担很沉重的苦难——国家的苦难和国民的心理负担——所以非四五十岁不可，否则就显得承担不起。人们总是忘不了阿Q精神深处的那条"猪尾巴"。

主持人：哪些书应该成为中国人的必读本？

杨义：《老子》五千字，《孙子兵法》六千字，这么精粹的东西，作为一个中国人都应该读一读。(《论语》《孟子》《庄子》《楚辞》《史记》、唐诗宋词，直至鲁迅作品中一些经典篇章，都应列入民族必读书目之中）为什么读书要读原著，原著魅力在哪里？我们看了电视剧，你不读原书，就不知道编导们做了什么手脚（改编者对原著理解是否到位，甚至视像特点、票房原则是如何改造了原著），你读了原书之后，你就有了对照了。(有对照，才能产生智慧。）比如拍一部《孔子》的电影，就极力渲染孔子与南子的风流韵事。其实，只要把《论语》和秦汉典籍中"子见南子"的材料集中在一起考察，就会发现已是五十七岁的孔子，急于在政治舞台上施展一番，就通过一个小人的门路，去见卫灵公夫人南子，他的心是充满苍凉感的。后来知道自己上当，就怒斥"吾未见好德如好色者也"而离开卫国。这根本就与风流韵事沾不上边，倒是编导想用风流韵事吸引眼球，赚取票房价值。又比如说，看到电视剧《红楼梦》，电视上怎么说，你就这么完全相信了。但是拿原著一对照，原著中的《红楼梦》是怎么写的，电视剧是怎么改编的，问题就冒出来了。你为什么这样改编？现代人是如何理解《红楼梦》的？你不读原书，就不知道编剧做了什么手脚，删去了哪些难以用影像表达的地方，又增加了哪些花招和噱头？你读了原书之后，就有了一面对照的镜子，看清楚原书的经典性，跟现代的商业性之间存在着什么相通或不同的情节构想和审美选择。

主持人：在历史上有很多寒窗苦读的故事，孔子韦编三绝，匡衡凿壁偷光，苏秦、孙敬悬梁刺股。这是古代给我们留下来的古人读书的故事。那杨义先生呢，为了写一本书，读了两千多种书，这个真是让我们普通人难以想象的。那说到这，就会涉及另外一个话题，如何读书才能够有效率，您有什么样读书的好办法吗？

杨义：我过去讲过一个综合的读书法，叫做"五学"。人要读书、学习、做学问，要有眼学，读原著；有耳学，听讲授；有手学，亲自动手去找材料；有脚学，用脚去做田野调查，就是说读万卷书，行万里路；还有一个心学，用心灵的眼睛去读书，思考所读的东西从何而来，深层的意义何在？"眼学、耳学、手学、脚学、心学"的"五学读书法"各有什么玄妙。孔子说："学而不思则罔，思而不学则殆。"这是《论语》中的第二个"学而"，第一个"学而"是"学而时习之，不亦说乎？"从喜悦到深思，就是教人用你的心去读书。在这里，我觉得以眼学读原始典籍，是非常重要的。读原始典籍，是学习的基本，基本不牢靠，就等于在沙堆上盖高楼，那是"豆腐渣工程"。读典籍和前人对典籍的解释，要采取一种在不疑中生疑的态度，提高自己的"问题意识"。比如说《论语》为什么叫《论语》，而不按照先秦诸子的惯例如《老子》《孟子》那样叫做《孔子》？《论语》为什么有六个弟子的名字上了篇名，这与《论语》的编纂过程，存在着什么关系？

主持人：所以您说的这个"眼学"，一定要用自己的眼睛去看原著。

杨义：读原著，是积累经典知识的不二法门。原著是作家思想感情和审美创造的直接表达，要与高手直接过招，舍弃读原著，没有他途。当然在读原著时，要以现代人的鲜活思想，激活原著储存的智慧，使阅读变成一种生命的交流。你以这种心心相印的方式看过原著，再去看编导们改编的影视作品，就知道编导在哪儿亮出神来之笔，在哪儿受到商业时尚的影响，在哪儿简直是瞎编乱造。我看过一些电视剧里的武则天，都袅袅娜娜的。但是唐人喜欢的是健壮的胖美女人，看唐墓中的壁画，或那里出土的陶俑，美人胚子都是胖嘟嘟的，武则天应该是健壮而有魅力的。不是讲"环肥燕瘦"吗？汉成帝的皇后赵飞燕是个瘦美人，《太平御览》引《汉书》说，赵飞燕体轻，能掌上舞。隋炀帝也说，朕观赵飞燕传，称他能舞于掌中，蹁跹轻盈，风欲吹去。汉高祖和他的许多开国功臣是楚人，楚风是好细腰，"楚王好细腰，宫中多饿死"。楚王不仅好宫中美女的细腰，也好士人的细腰，所以楚国的臣子都节食，节食到什么程度呢，撑着地板才站得起来，扶着墙才能走路。唐代胡化的程度相当深，鲁迅说,"其实唐室大有胡气"。胡人是马背上的民族,是喜欢健壮的美人的。这就是"肥环瘦燕各千秋"。

主持人:那就是说如果不读原著的话,就可能把武则天也理解成为一个婀娜多姿的女子了,所以这就跟史实相去甚远了。

杨义:所以就是要重视自己读原著。不但要读原著,还要带着对现实世界的敏感度去阅读,能够把书本、生活、内心相互参照,触类旁通,读出自己的思考和体会。李白写诗,是在一千多年前,但我们不能把李白当成锈迹斑斑的老古董,而要直接面对他鲜活的生命。李白写这首诗是写给我看的,昨天晚上他拿起酒杯,就兴致勃勃地唱出了一首《将进酒》:"君不见黄河之水天上来,奔流到海不复回。君不见高堂明镜悲白发,朝如青丝暮成雪",直唱到"五花马,千金裘,呼儿将出换美酒,与尔同销万古愁",醉意可掬,意态淋漓。我直接面对李白,被他"笔落惊风雨,诗成泣鬼神"的天才,感动得神魂颠倒。首先要有这种直接面对李白的阅读方式,然后再去看唐人、宋人、明清人以及我的前辈们是怎么解读李白的《将进酒》的。也就是说,先要一竿子插到底,然后再去看河面上漂过来的树枝树叶,离你这个竿子的远近,在对话中激活你的创造性。

主持人:杨先生说的,我也挺有感触,经常我们读书的时候,到书店买的都是某某人对什么的理解。我们看了大量这样的书籍,却从来没有读过原著。

杨义:实际上《论语》只有一万六千字,就一张半报纸那么多的字,《老子》五千字,《孙子兵法》六千字,篇幅这么短的东西,这么精粹的东西,作为一个中国人都应该读一读。民国时,胡适讲,那时候的高中生,能够把《史记》当小说来读;现在中学生的古文基础就缺乏这种训练。在我国的明代,也就是在西方的文艺复兴之前,中国拥有的书籍,是世界的总和。身为一个中国人,对自己这些家底都不甚了了,不去摸清楚的话,那就枉为中国人。梁启超曾说:"吾以为凡为中国人者,须获有欣赏《楚辞》之能力,乃为不虚生此国。"《楚辞》的文字障碍大些,但唐诗宋词的许多名篇,总要有得于心,才对得起祖宗的德泽。

主持人:我记得那个时候江南有很多的大族,都是以藏书为荣。比如说过云楼,比如说天一阁。这都是历史上的一些大族。

杨义:天一阁是中国现存年代最早的私家藏书楼,明代的兵部右侍郎范钦于嘉靖建造,至今已经四百多年。它取用东汉郑玄《易经注》中"天一生水,地六成之"的意思,以为水可以克火,取名"天一阁"。范钦平生喜欢收集古代典籍,使天一阁的存书达到了七万多卷。又立下"代不分书,书不出阁"的族规,得以保存至今。现藏有古籍30余万卷,其中善本8万卷,包括"和刻本"和"高丽刻本"的日本和韩国的古籍。

当然对于普通的读书人,我们的"眼学",不必专注于那些善本书,能读高质量的校点本就足矣。耳学,听课、听讲座也不可少。那些高明的老师,不讲伪知识,而讲真学问。他们对学问的解释，会使你大开眼界，给你增加很多智慧，很多理解问题的维度。"手学"，动手搜集和抄录抄录，这也是很重要的，读书要做笔记。连唐高宗都懂得，"读十遍不如写一遍"。我的导师唐弢先生是跟鲁迅一块写杂文的重要作家和学术大家。唐弢先生晚年写《鲁迅传》，想起一个事情，鲁迅说，他的父亲喝醉了酒，常常打他的母亲，所以鲁迅自己喝酒从来不喝醉。这个话出自哪里呢？他因为是作家出身，年轻的时候记忆力很好，之前没有做笔记，结果找了半年，就找不出这句话的出处，后来又请鲁迅博物馆一个专门做史料的学者，帮着找了半年找不出来，突然一天，随意翻书的时候发现，原来是萧红回忆鲁迅的文章里面的。当然，我们现在有电脑搜索，类似的问题可能好一点了，但是还要做笔记，因为你去搜集来的材料一大堆，你要把它进行年代、区域、类型的整理，然后在这个基础上进行比较，进行解释，这些知识才真正是你的。所以动手搜集材料，是消化知识、形成思想的重要手段。"脚学"，读万卷书，行万里路，是中国的好传统。迈开脚步，可以使你的学问联通"地气"。我在全国走过不下一二百个地方，就是要去看那些文化的遗址、遗迹。因为到那些地方之后，可以搜集到很多地方的材料；再就是当地的学者，可能对某个当地作家及作家的家族作过专门的研究，细枝末节都了如指掌。你和他深入交谈，就是用一个全国的视野，跟他一个地方的视野进行对话，会有很多收获。李白、杜甫的出生地、漫游地都有他们留下的生命痕迹，有他们诗歌的生命结晶,睹物思人,感慨良多,这都滋润着你的人文情怀。你要是到过江西上饶的铅山,辛弃疾在那里住过二十年,你能够寻找到辛弃疾词里的几十个景点,现在还历历在目。比如他的《西江月》〔夜行黄沙道中〕:"明月别枝惊鹊,清风半夜鸣蝉。稻花香里说丰年,听取蛙声一片。/七八个星天外,两三点雨山前。旧时茅店社林边,路转溪桥忽见。"你到上饶地区,就能够亲历黄沙道、茅店、溪桥和稻田蛙声等景物,体验到辛弃疾赋闲归田的心境,到那儿实地看看,你仿佛就进入辛弃疾创作时的境界了。

主持人: 这就叫"读万卷书,行万里路"。

杨义: 还有"心学",你必须用自己的心灵去体验书中的奥秘,多问问古人为什么写,为什么写成这样。比如你看庄子,是穷得好像"涸辙之鱼",家里揭不开锅了,自己还编草鞋去卖,那么就要问,他写书的知识哪来的?写《庄子》,可是什么学问都懂,无书不窥。庄子的时代是贵族教育,只有贵族才能受教育,书籍也藏在官府,那贫困的庄子是从哪里获得教育和书籍的。孔子的伟大贡献就是把贵族教育变成民间的平民教育,庄子又不是孔子的再传弟子,他的学问从哪里来?第二,庄子穿得破破烂烂的,却跟王侯将相都能够对话,言辞傲慢,别人却没有阻拦、拘捕或驱逐他,他有什么资格摆这个谱啊?第三,楚国是当时第一流的大国,为什么要派人请庄子回去当大官?庄子只不过是宋国一个种漆树、制漆器的地方作坊的记账先生,写的文章又不能安邦治国，门徒也没有几个，楚国为什么派出大夫高规格聘用他？他还拒绝聘任，说不愿去当祭祀时用来做牺牲的牛，宁可当河沟里拖尾巴的乌龟？这些行为、语言都隐含着什么信息？这些问题两千年都没好好清理，都糊里糊涂地认为是庄子寓言，都是瞎编乱造，毫无事实根据的。涉及身世的寓言，是要有底线的，没有底线的瞎编乱造，就有骗子的嫌疑。读庄子，就有必要破解《庄子》书中这些秘密，从追问他的身世中，揭开他的知识来源，行为风格和受聘、拒聘的缘由。这是读懂《庄子》的关键。经过"打破砂锅问到底"的追问，我们就可以发现，庄子是楚庄王疏远的后裔，父辈因楚国政治变乱逃亡到宋国的蒙地。心学用到极致，可以破解千古之谜。

主持人：像这些思考，可以理解为"心学"，就是能提出问题，并对这些问题有所思考。

杨义：对。你就要采取一种在不疑处生疑的方式。生疑和解疑，就是读书的最大乐趣。比如说《论语》为什么叫做《论语》，首先就应该弄清楚"论"的原本意义。

安仁良："论"一般读 lùn，但这里念 lún，它是整理的意思，因为这个书不是孔子自己写的，是他的众弟子，他们引用他的话来整理的，所以叫《论语》。

杨义：你这是一种说法。两千年来，对这个"论"字的解释，起码有十个八个，又是"讨论"的"论"，又是"经纶"的"纶"，又是"伦理"的"伦"，又是"轮转"的"轮"，总之转得你的头脑发晕。实际上，要证明"论"的本义是什么，就要弄清孔子和弟子是怎么使用"论"字的。也就是说，最重要也最直接的方法，就是到《论语》里找，其他解释都是舍近求远，离开孔子和弟子的用语习惯。这就是"内证高于外证"的原则。《论语·宪问篇》记述孔子的话，子产制作文件，安排自己的助手分工合作，先起草，再讨论，然后进行修饰，最后由子产润色定稿，总共四道工序。这就是孔子告诉弟子的编纂模式，弟子既然记录在案，就必然按照这个模式来编《论语》。"论"字的原本意义，也就是讨论，组织一个班子进行讨论，进行取舍选择，这是编纂过程的关键环节。再比如《论语》二十篇中竟然有六个弟子的名字出现在篇名上，公冶长、冉雍、颜回、子路、原宪、子张这六个弟子，为什么？

主持人：还要到书里面去找？

杨义：是的，《论语》的文本隐藏着这些弟子在不同时期参与编纂的生命痕迹，那就要弄明白这本书是怎么编成的。只要考证清楚《论语》编纂是如何启动，在春秋战国之际（公元前5世纪）的五六十年中，经过多少次编纂，那么为什么这六个弟子的名字出现在篇名上的千古谜团，就会迎刃而解。读书，首先要去发现问题。你开啤酒瓶，必须从缝隙处才能够撬开瓶盖，找缝隙就成了你的敏感性和能力的考验。我常常感叹有些做研究的人，把书本材料当成冷冰冰的死材料来对待了。一个破案警察，看着作案现场一个鞋印，就能够推断出这个人的高矮、胖瘦和年龄，他走路的姿态，甚至再多一个脚印的话，还推测他作案动机。这种脚印学的推测，往往八九不离十，对破案发挥了重要的作用，因为鞋印是一个活着的人留下来的，里面隐含这个人的生命信息。但是我们有的学者就缺乏这种生命意识，似乎把鞋印量出尺码，标出鞋印在什么位置，就认为达到了他的"实证"要求。堆砌材料，只是重复陈旧的术语和人云亦云的肤浅或僵硬的结论，是某些号称"学术研究"的常见弊病。研究《论语》《老子》《庄子》《孙子兵法》《韩非子》这些充满智慧的经典，必须如实地将它们看成是人写后、经过编辑的书，其中留有人的生命痕迹。这样才能真正形成今人与经典作家的深度生命交流和精神对话，进行对撞而迸射出来的生命火花，激活古今可以共享的智慧，从而为现代大国的文化创造立下一个坚实而又富有生命力的根基。

主持人：所谓蛛丝马迹留下来，要求后人呢顺藤摸瓜。我问一下博比肯，你读书，你有什么好的读书方法？

博比肯：我是这样的，我首先就是问，我是让别人介绍什么是好书，我再去读，只要你们看到好书就告诉我，我是每天都在看书。

主持人：博比肯这个办法好，是个捷径，省得自己去选了。

杨义：他介绍给你的好书读完之后，还要跟他讨论，他为什么说这本书好，我看了就觉得不怎么好；或者我也觉得好，但你认为好的地方和我认为好的地方又不一样，或不完全一样。经过讨论或辩论，可以迸发出思想的火花。"独学而无友，则孤陋而寡闻"，这是《礼记》中的一句话，你自己一个人学习，没有朋友，就会变成孤陋寡闻；有朋友介绍给你几本好书，你读完之后就要跟他讨论，使思想发酵起来。就像南北朝时期颜之推《颜氏家训》所说的，既然"独学而无友，则孤陋而寡闻"，那就要"切磋相起明"，互相切磋，使见解变得高明起来。

博比肯：对。

主持人：安仁良跟我们分享一下你的读书的好方法。

安仁良：我觉得最好的方法，就是你看的时候，或者看完之后，你跟朋友去讨论，或者给他讲，如果你看完之后什么也不说，过几年你肯定会忘了看的是什么。

主持人：我有一个女朋友，她每次看完书，就把别人约在一起，她给人家讲，讲故事。她说为什么每次都要给你们讲一个故事，是因为我怕我自己忘掉，我在给你们讲的过程中，我又完成了一次学习。她不仅讲，还把看到的书中的故事编成短的手机段子，发给大家，用这种方式来巩固她的记忆，也完成她的二次学习。

安仁良：孔子所说的温故而知新。《论语》我应该看了两遍了吧，第一遍和第二遍完全不一样，估计我这次回去还得看一遍，还会有新的体会。

主持人：安仁良读了两遍《论语》了。咱们向来自加拿大的安仁良学习吧！

博比肯：一定要读懂了，半部《论语》治天下嘛，你读懂了，回加拿大以后就能做管理了。

主持人：到那儿给我们传播中华文化。

杨义：孔子西行没有到秦国，一下子跑到加拿大去了，穿越时空了。（笑）知识穿越，就能激发它在新的语境中生存和对话的能力。我小时候读《千家诗》，有朱熹的一首《春日》："胜日寻芳泗水滨，无边光景一时新。等闲识得东风面，万紫千红总是春。"我们加拿大的朋友将中国的智慧带回去，与西方的智慧相融合，不难想象，那就会出现文化上中西交相辉映的"万紫千红总是春"的景象了。这也是读书的大快乐啊！乐得跨越烟波浩渺的重洋。

主持人：2011年中国共出版图书37万种，按一年52星期，每星期读1本书计算，读完2011年中国出版图书需7115年。这个是不可能完成的。你别说你这辈子完成不了，你后面十辈子也完成不了。所以呢我们就在想，如何从这浩瀚的书海当中啊，获得我们最应当读的最好的书。杨先生，您看书挑书的标准是什么？

杨义：这个问题见仁见智，要尊重选择的多样性，不可强求一律。要把全国人统一到一个趣味，统一到一个书目，鲁迅当年就说"从来没有留心过，所以现在说不出"，鲁迅从来没有留意要搞一个面对所有的青年的必读书目。但是，我觉得有一些基本的原则，可以讨论一下。一些基本的民族必读的典籍，包括孔孟老庄、《诗经》《楚辞》《史记》、唐诗宋词,鲁迅及现代文学,一些精彩的童话歌谣,都应该有高明的选注本供青年阅读,甚至作为国民公共阅读的材料。我有一个想法,小时候最好读点名著,因为那时记忆力好,读了名著终生享用;年轻的时候,在进入专业领域之前,要读几本"大书",大书可以涵养你博大的胸襟。

主持人:所谓的"大书"是指?

杨义:大书就是篇幅宏大、思想文化含量博大的书。比如我在年轻的时候读过《资本论》,读过《资治通鉴》,读过《史记》。那时候是"文革",人民大学处理图书馆藏书,马列的书很多,我花五毛钱,买了三大卷的《资本论》,用了一年的时间把它啃下来,还做了一本笔记。你看完之后,就会感受到什么叫做伟大的思想体系,明白一个伟大的人物是怎么思考问题的。虽然你不一定都读懂了,但是经历了这么一个思想过程——追踪一个伟人的思想过程——对涵养你的气魄很有用。到了中年,就要读专业书了,你搞哪一行当的,你就要读哪一行当的书,尤其是精读几本权威性的专业书。这对于你搞好本行,提高竞争力,会有好处。到了晚年,精力也不那么旺盛了,但是你阅历丰富,就不妨读点杂书,杂七杂八的书,可能促发你的很多人生感慨,提升你认知世界、认知自我的能力。少年读经典,青年读大书,中年读专业,晚年读杂书,这是从读书年龄效果而讲的选择,而且偏重人文方面。个人兴趣多种多样,选择可以更广泛、更有个性,更能增加乐趣。但应该有一条底线,就是开卷有益,首先要选择有益的书来开卷,这就益在增加精神的正能量。如果不知选择,读一些只图刺激、人欲横流的书,就只能增加负能量,那就是"〇读书",甚至"负读书"了。人总是要知上进,懂得为自己负责任的。

主持人:杨义先生,说到这我想问您一句啊,咱们俗语说"少不看水浒,老不看三国",您对这种说法有什么样的看法?

杨义:这句话有一点道理,连孔子都说过:"君子有三戒:少之时,血气未定,戒之在色;及其壮也,血气方刚,戒之在斗;及其老也,血气既衰,戒之在得。"至于读书,也要与书本的思想倾向之间腾出一定的理性距离,不要盲目地不加分析地沉溺在书的习气之中,不要陷入它的思想框套。读书需要带着感情,也要带着理性,才能读出书中智慧的笑声来。孟子有一个警告:尽信书,不如无书。读书不能采取盲目的"尽信"的态度。你如果能够采取一种理性的、分析的态度的话,我觉得少也可以读,老也可以读。你如果连这一点也做不到,那你看到《金瓶梅》就是淫书,看到《红楼梦》也是一本哥哥妹妹的书,一看你就跟着浮面的泡泡走了,随波逐流,那你说不定会使自己的精神在哪本书中"溺水而亡"……(笑)所以,首先要你自己拿定主意,站稳脚跟,拿出明亮的理性眼光。

下面再强调一下"通识性"的问题。我觉得作为中国人,对于中国自古以来的基本文化典籍,要读一下,要不你到哪去都会露怯。孔孟老庄，唐宋诗词，古典小说四大名著，你要懂一点，不然你的精神家园就会荒芜，空空如也。不一定成为专家，但是你要懂一些，不能茫然无知。即便对于国外的名著，基本的东西也需有所涉猎，罗密欧朱丽叶要知道，哈姆雷特你要知道，雨果、歌德、托尔斯泰等等，能多知道一些更好，艺多不压身。我们的精神家园既要有自己的血脉，也要有充分的开放性。我觉得，中国文明、人类文明的最精彩的部分，应该成为通识性的知识构成，连这些都拒绝，都两眼摸黑，就未免有点"枉为人"的味道了。

主持人：杨义先生，现在读书有了新的情况，比如说，现在大家除了读传统的纸质书籍之外，又兴起了很多的网络书籍，网络小说，对这种新的媒体，在这种新兴媒体的环境下，出现的这种新的读书方式，您有什么样的看法呢？

杨义：人类发展到这个阶段，从高科技中获取学习的效率，学习的乐趣，是应该的。但面对网络信息铺天盖地，也要自尊自重，明于鉴识，知所选择。从文艺角度讲，我觉得网络小说之类，随手书写，迅速传播，鱼龙混杂，读来开心也未尝不可，但要知道，它与人类智慧的最高结晶存在着很大的距离。人总是要沉下心来，认真地读一点最精彩的东西，用来垫高自己的素质档次，激发思想和智慧的潜在能力。人的身体结构，包括大脑结构都差不了很多，但是对自己潜力的挖掘是相差很远的。书籍就像一把锄头，帮你去深挖知识的深层，智慧的深层，和人生价值的深层。这种挖,是把你挖得伤痕累累,惨不忍睹呢,还是挖出矿藏,使你百炼成钢?这是值得郑重思考的。

主持人:希望大家都能够挖出宝藏来。(笑)刚才杨义先生说过,有一些历史上的著名文人,他们不愿意列出一个清晰的书目,不过呢在历史上也曾经有过两位著名的文人给我们留下了推荐读书的一个书目,我们和大家分享一下。一位是胡适先生的,另外一位是梁启超先生的。这些书,现场的观众朋友,有全读完的吗?

安仁良:我都看过。

主持人:全都看过吗?

安仁良:皮儿。

博比肯:我看过推荐的差不多三分之一吧。他们推荐的,一般很多人都会给我推荐,我老师也推荐。差不多。

主持人:博比,那你挺厉害。

安仁良:他喜欢看书也跟他的名字有关系,他姓"肯",天天"啃书本"的"啃"。其实我这个名字"安仁良"就是根据《论语》来选的,修己以安人,然后仁是仁义礼智信,良是温良恭俭让,这三句话。

主持人:你看看,咱们来自加拿大的外国朋友。

博比肯:我特别喜欢在洗手间看书。

杨义:(笑)厕上。欧阳修讲过,他最好的文章是在什么地方做出来的呢?第一是在马上,马背上;第二是在枕上,枕头上;第三个是厕所啦,厕上。欧阳修的原话是:"余平生所作文章,多在三上:乃马上、枕上、厕上也。盖惟此尤可以属思尔。"

主持人:骑着马能写字吗?这三个能合在一块吗?

杨义:他骑马的时候,不是写,而是思量而突然出现灵感,然后记下来。一句诗,一个句子,或者一个问题,平常有所积累,苦思冥想。坐在案头,脑袋绷得很紧,灵感爆发不出来。一躺下来的时候,一到马背上慢慢地摇晃,哎呦,灵感袭来,就突然有感觉,许多奇妙的想法就喷涌出来。这种感觉,我也有过经历。在写《韩非子还原》这本书的时候,各种版本的《韩非子》我读过五遍,前三遍没有感觉。没有感觉是什么意思呢?我感觉到的东西,别人已经感觉到了,那我就没必要写这本书了。到了读第四遍的时候,一天早上,我起来坐在桌子旁边,抽了一支烟,突然内心怦然而动,结下的疙瘩豁然开朗,然后我再看第五遍,把材料重新清理一遍,才开始动笔去写。这使我感到,学问是艰苦的行当,但它有时又是一层纸,这层纸没有点破,就好像有只苍蝇在屋子里飞来飞去,找不到出路。一经点破它就飞出去,哎呦,外面竟然是个阳光灿烂的广阔天地。(笑)学问的精进,有时候就是点破一层纸而已。这也就是:"众里寻他千百度,蓦然回首,那人却在,灯火阑珊处。"

主持人:豁然开朗。今天非常高兴我们能邀请到杨义先生和大家分享读书的快乐。那最后呢,我们请杨义先生到这个讲台前来,回答现场观众朋友感兴趣的问题,好吗?来掌声有请。

辑一 读书的窍门

观众：您好！杨教授，最近我去逛书店的时候，发现有很多书变得越来越功利化了，但还是有很多人去买它，觉得那些书还是能在我们生活中用上，我想问一下您对这个问题怎么看？

杨义：这类的书不妨看一点，但是不要让它挤占了你最宝贵的时间，蹉跎了大好的青春。有些东西是忽悠人的，有些东西是一时起作用的。要辨析清楚哪些东西是属于道，道德的道，道路的道，哪些东西是属于技，技巧层面的东西。技巧层面的要懂，但是过多地逗留在技巧的层面，是没有发展后劲的。一心想投机取巧，就有损人格，甚至摔跟斗了。所以这类书，可以看一看，说不定一本书中，就有那么一两句话还行，但是不要完全相信，要采取分析的态度。读书不能做书之奴，而要做书之主。

观众：杨老前辈您好。现代人越来越忙，没有时间读书，怎么办？你是怎么挤时间去读书的？

杨义：时间确实是挤出来的，比如说你要学外语，你可以买一个MP3，就把时间立体地用起来，你挤公共汽车上班，耳朵是可以利用的，是吧？我到俄罗斯，看到地铁里，很多人都在看书，车比较挤或车行比较慢，从上地铁到下地铁的半个小时都在看书，看的多是有用的书。我把脑袋伸过去仔细一看，他们不是在看某些小报或者娱乐新闻，或者用电脑玩游戏，他是在看很正经的书，或者是专业书。一个爱学习的民族，是令人肃然起敬的。就你个人而言，我觉得要分出轻重缓急，每天有点坚持。学问也好，知识也好，它是个斜坡，只要慢慢地走，持之以恒，自然就能登高望远，见多识广。关键在于有一股坚持不懈的劲头。但是你要是老不走，不能坚持，总在晃晃荡荡地蹉跎岁月，可能还会退步了，因为连原来知道的都忘掉了。所以我觉得，重要的是有没有毅力的问题，而不是有没有时间的问题。只要你有毅力，认识到知识的价值，认识到智慧的价值，你就会千方百计、挖空心思地去找出时间来。时间是狡猾的，全凭有毅力，才能抓住它。

主持人：在日常生活中我们都不会忘记一日要吃三餐，人是铁饭是钢，一顿不吃饿得慌，但是在物质的粮食之外，您在精神上是否有所补充呢？物质上的食粮可以让我们的体魄更为强健，然而精神的食粮，则会让我们内心更为丰富，也更为健康，那么从明天开始，别忘为自己每天补充一些精神食粮。感谢您收看这期的《文明之旅》，再见。

（根据录音记录稿，调整润色，整理而成）

开窍可以使读书成精

读书若能开窍，可以使人耳聪目明，听得到书页中智慧的笑声，看得到字里行间生命的搏动，岂不快哉！自从2010年8月被聘为澳门大学讲座教授以来，我对于读书开窍的问题，有了新的体悟和认识。这些年，我给中文系的研究生开设过三门课程：一门是"学术前沿与思想方法"，讲授了叙事学、诗学、文学地理学、文学图志学、诸子学；另一门是"学术研究专题"，讲授了"先秦诸子还原"的方法论问题，尤其注重对孔、墨、老、庄、韩非、孙武的经典文献的生命分析；第三门是"古典文学专题"，讲授了《论语》《庄子》《楚辞》《史记》、李杜和古典小说。人文学术是一国之根本，更是一人安置身心之精神家园。忽视人文，精神就会迷茫无归宿，社会就会浅陋无品位。澳门大学的校长早就对我说过，让你为研究生开课，主要是使他们在学术研究上能够开窍，提高他们学术创造的欲望和自觉性。这一点，我是一直记在心中的，就是要从人文根本处注入智慧的喜悦和生命的灵动，释放出学理创新的兴趣、欲望和能力。

由于我 2011 年在北京中华书局出版了"先秦诸子还原四书"，即《老子还原》《庄子还原》《墨子还原》《韩非子还原》，因此，第二门课就以这项研究的心得，作为讲授的中心内容。将自己研究的最新成果率先讲授，最能激起我讲课的热情，也会激发研究生们的追问兴趣。记得我在哈佛大学、耶鲁大学都讲演过《中国叙事学》，那时我的叙事学一书出版时间不久，因此讲得热情高涨，左右逢源，被它们的教授称为"经典讲演"，或说是"请来讲中国文化讲得最好的"。如今先秦诸子四书已经问世，我在课堂上就不宜照本宣科地讲述四本书的内容，而是首先把春秋战国的四五幅地图投射在屏幕上，分阶段地分析这四五百年间的政治、军事、文化的形态和形势，以及先秦诸子在各国发生的地域分布、文化基因，以及传播的脉络。这就以人文地理学的视野，展示春秋战国时代思想创造的广阔空间。讲述还带点体温的成果背后的研究甘苦，包括其中的理念、方法、思路和所破解的千古之谜，对于触发人们开窍，是相当亲切而真切的。

其次就是解读《史记》中的老子、庄子、韩非传记，以及几乎不可以传记视之的"盖墨翟，宋之大夫，善守御，为节用。或曰并孔子时，或曰在其后"的 24 个字，透视其模糊哲学所蕴含的奥秘。讲老子传时，把《史记》文本的复印件投影到屏幕上，然后逐字逐句讲述从标题到行文、到晋唐之间的三家注解（晋裴骃的《史记集解》，唐司马贞的《史记索隐》，唐张守节的《史记正义》），揭示它们的本义是什么，在两千年来都出现了什么问题，有过哪些争议，隐含着何种千古之谜。比如《史记·老子列传》开头就说："老子者，楚苦县厉乡曲仁里人也，姓李氏，名耳，字聃，周守藏室之史也。"而"庄子传"是个附传，它开头这样交代："庄子者，蒙人也，名周。周尝为蒙漆园吏。"二者对于传主故乡交代的详略，存在着很大的不同。一者不仅交代他的国籍，而且详细到县、乡、里；一者只说了他的具体出生地，无县无乡，国籍茫然。为何存在着如此差异？读书要细读，细读中要讲求心解。解开这个死扣，涉及老、庄在当时社会，在司马迁心目中的位置；涉及这类思想高明、职位不显的人，在先秦官方文献中有无记录，记录到何等程度；司马迁对老子国族明确指认，对庄子国族不予指认，出自何种原因；这些差异是否反映司马迁到过，或没有到过他们的故里；此外还有他们的家族姓氏问题。有几次，一堂课就讲解《史记》中的两行字，指点学生读书如何能够读进去，读得深入。在我的意识中，一个人做学术研究，首先应该懂得如何深入地解读原始文本，读出自己的感觉和其间隐藏的问题，学会与历史巨人直接深入地进行文化对话。这是一项治学的基本功，非常要紧。在这里，"开窍"二字最是解读的关键，《庄子·秋水篇》说：用管窥天，用锥指地。管锥之用，就是要在天地间开通一窍，测量阴阳消息,只有把握这个关键,才能打开思想创新的门户。

于是,我想起《庄子·应帝王篇》有个著名的神话寓言:"南海之帝为儵,北海之帝为忽,中央之帝为浑沌。儵与忽时相与遇于浑沌之地,浑沌待之甚善。儵与忽谋报浑沌之德,曰:'人皆有七窍以视听食息,此独无有,尝试凿之。'日凿一窍,七日而浑沌死。"庄子是推崇混沌哲学的,混沌处于中央,对于南北,一视同仁。南北行为迅速的儵与忽,则用凿子,引申来说,就是是非邪正、名缰利锁这类凿子,破坏原始混沌的状态。其实,混沌死,七窍通,智慧灵性由斯而生。庄子说窍,认为"大块噫气,其名为风","万窍怒呺",产生天籁、地籁、人籁。他也是看到开窍才能产生万象的快乐的。鲁迅的乡前贤,唐朝的吴融在《沃焦山赋》中说:"浑沌死,乾坤始。"从宇宙发生的角度看,尽管原始混沌已经死亡,但七窍既然已经凿通,天地间的万事万物也就开始产生了。又如宋朝的王安石在《和吴冲卿鸦鸣树石屏》诗中云:"浑沌死,乾坤生。"凿通窍穴,生命才能生生不息。欧阳修在庆历四年(1044年)作《登绛州富公嵩巫亭示同行者》则以长江来比喻,凿开混沌窍,就凿开了长江的生命历程:"长江泻天来,巨石忽开拓。始疑茫昧初,浑沌死镌凿。神功夜催就,万仞成一削。"生生不息的生命,可以产生"长江泻天来"的创造力。

从创造心理学来看,人之所以要开窍,是因为开窍才能吸收天的"元气"、地的"浩气"、人的"灵气",从而生气勃勃地舞动生命的七彩飘带。人生的大忌,在于闭目塞听,精神麻木,不能吸取天地人间的浩浩元气和灵气,以滋润自己创造的活力。有如清人戴东原《孟子字义疏证》所说:"人物受形于天地,故恒与之相通。盈天地之间,有声也,有色也,有臭也,有味也。举声色臭味,则盈天地间者无或遗矣。外内相通,其开窍也。"①开窍,就是给心灵开窗户,窗户洞开,八面来风,做到老子所说的"大盈若冲,其用不穷"。

因此,每次讲课,我都尽量地放映一些考古学、民俗学方面的图片,放映一些老子、庄子、司马迁、李白、杜甫的古代图片,既作为问题的证据,又使大家对所讲述的问题,有一些直观的印象。图也是会说话的,呼唤着人们海阔天空的联想和追问。比如《老子列传》说,老子"姓李氏"。唐朝司马贞的《史记索隐》引了三国葛玄的话:"李氏女所生,因母姓也。"以往研究者都把此语视为"神仙家言"。但考虑到《老子》书中多见女性生殖崇拜,以及称"天下母"为唯一,"众甫(父)"则为多数;由此分析春秋战国之世的社会结构及陈、楚之地的氏族分布和民间风俗;尤其是作为"太皥之虚"的陈国,至今犹存"泥泥狗"一类女性生殖崇拜的遗存。将这些材料合并思考,问题就不是用一句简单的"神仙家言",可以搪塞了事的。它们都指向老子可能出生于一个边鄙之地的母系氏族。

---

① [清]戴震:《孟子字义疏证》,中华书局1961年版。

李太白 [清]上官周绘（选自《晚笑堂画传》）

安徽涡阳老子骑牛像

德国学者恩斯特·布洛赫（Ernst Bloch，1885—1977）认为，《老子》博大深奥，在其东亚宗教基本范畴中，"道"是最晦涩难懂的范畴，对此欧洲哲学、宗教概念不啻隔靴搔痒，难窥堂奥。他在老子的道和无为思想中发现民主思想的内核，还发现了男女平等主义的根据。于此，他特别重视老子对大地的玄幻记忆。老子相信大地就是母亲，她慷慨地哺育人类、保护人类。在老子的无为公式中，早已销声匿迹的太古母权制思想重新发挥效应，从而唤起人们心中温存而宁静的自发性。布洛赫指出，老子凭借生命之道的概念，率先大胆重构和升华了古代中国母权制时代源远流长的男女平等理念。通过道的概念，布洛赫把无欲和无为与希腊女神、大地之母德墨忒尔联系起来。谷神、玄牝、天下母就是天地之本根。《老子》六章："谷神不死，是谓玄牝。玄牝之门，是谓天地根。绵绵若存，用之不勤。"《老子》二十五章："大国者下流，天下之牝，天下之交也。牝常以静胜牡，以静为下。"凭借着与永不止息的世界脉搏的联合，老子的无为思想与某种一同起作用的自然的影响力融为一体、浑然天成，从而完全拒绝了与母亲自然背道而驰的抽象的技术。[①]

对于布洛赫的见解，我是在《老子还原》出版后，才在报纸上看到的。我在给研究生讲课的时候约略提及。我在课堂上，对老子故里所在的陈楚之地（今河南淮阳县）的文化遗物"泥泥狗"，影了五六张的图片，给大家的印象很深。大家惊异于各种各样的泥泥狗的胸部五颜六色的女阴图案，触动了对老子思想与原始氏族经验，尤其是母性生殖崇拜的深层关联的思考。视觉的撞击，往往能够撞击出思想的火花。又比如讲孔子赴洛阳向老子问礼，我投影了南阳和山东嘉祥等地的汉代石画像四五幅，并对画面上的细节进行讲解，用以证明在秦汉以前，无论道家、儒家、史家还是石刻文物，都是承认孔子曾向老子问礼的。这就为考订问礼在何年，奠定了必要的前提。同学们都希望，每次讲课都准备一些图片。

要把学问做大、做出彩，就必须为学术运思准备足够的精

[①] 金寿铁：《"无为的福音"——恩斯特·布洛赫论老子思想》，《中国社会科学报》2011年5月5日。

神空间的深广度。为此，如上所述，我的做法一是每次讲课只讲两三行，最多十行八行，旨在加强意义发掘的深度；二是配置必要的文物图画，在图文互衬、互映、互动之间，扩展学术运思的广度。这种广度和深度的结合，往往能够突破学术研究模式的禁锢状态，给思想的驰骋和研究方法的转身，提供足够的精神空间。因此，每当讲解告一个段落，我往往将思路荡开去，或者拉出来，讲一些与前面的讲述相关的小专题，比如讲如何应用人文地理学的研究角度，如何对先秦诸子的具体文字进行文化基因的分析，如何处理历史编年学与诸子思想的过程性，如何对考古发现与诸子源流脉络的关系进行梳理，等等，从而将多样知识的讲解与方法论的贯通结合起来。

在讲李白喜欢旅游，走出盆地，融入长江，寻找山川的诗魂，开拓自由奔放的胸襟时，我列举了李白的许多诗，引导研究生们体验李白行走大地的情趣。比如，《秋下荆门》："霜落荆门江树空，片帆无恙挂秋风。此行不为鲈鱼脍，自爱名山入剡中。"片帆挂上秋风，也会"无恙"吗？总之它把片帆看作一种生命的存在，不作悲秋之态而独得豪爽明快。剡中在浙江，至今已成了唐诗之路的佳丽山水地，一到江南，李白就陶醉于山光水色，形成"名山情结"。李白"一生好入名山游"，其主体的感受就是"心爱名山游，身随名山远"。这个"远"字，就是远离尘俗纷扰，追慕魏晋风流，或如陶渊明所说"心远地自偏"，"复得返自然"。而且讲课进一步对李白远游的精神动因进行探索，追踪李白是从古老的记载中为自己的远游寻找经典的根据的。他自述:"士生则桑弧蓬矢,射乎四方,故知大丈夫必有四方之志。乃仗剑去国,辞亲远游。南穷苍梧,东涉溟海。见乡人相如夸云梦之事,云楚有七泽,遂来观焉。"又"东游维扬,不逾一年,散金三十余万,有落魄公子,悉皆济之",等等①。李白把自己的远游,与一种敬告天地的仪式联系起来。《礼记·射义》云:"故男子生,桑弧蓬矢六,以射天地四方。天地四方者,男子之所有事也。故必先有志于其所有事,然后敢用谷也,饭食之谓也。"孔颖达疏云:"男子重射之义,以男子生三日,射人以桑弧蓬矢者,则有为射之志,故长大重之。'桑弧蓬矢'者,取其质也。所以用'六'者,'射天地四方'也。"②好男儿志在四方的这种敬告天地的仪式,安排在人生之初,以桑木为弓,蓬草为箭,足见其草木蒙昧的原始性、庄严性和神秘性,应是起源于渔猎时代。

宋人葛立方《韵语阳秋》卷二十云:"李白诗云:'朝发汝海东,暮栖龙门中';又云:'朝别凌烟楼,暝投永华寺';又云'朝别朱雀门,暮栖白鹭洲';又云:'鸡鸣发黄山,暝投蝦湖宿',可见其常作客也。范传正言:白偶乘扁舟,一日千里,或遇胜境,终年不移,往来牛斗之分,长江远山,一泉一石,无往

---

① 李白:《上安州裴长史书》,《李太白全集》卷二十六,中华书局2011年版,1244—1245页。

② 《礼记正义》卷六十二《射义》,《十三经注疏》,中华书局1980年版,第1689页。

而不自得也。则白之长作客,乃好游尔。"[①] 在旅游中,李白朝朝暮暮,精神无拘无束地驰骋于"长江远山"之间,这自然也深度洗涤着和无限拓展着诗人的胸襟,形成了一种拥抱天地江流的开阔怀抱,有所谓"登高壮观天地间,大江茫茫去不还,黄云万里动风色,白波九道流雪山"(《庐山谣寄卢侍御虚舟》),此之谓也。如此讲课,由李白诗贯通经学与诗文评,以及人文地理学,听课的研究生们对其中的法论问题极感兴趣,每周讲完两小时课之后,许多同学恋恋不舍,往往留下来和我进行相当热烈的提问和讨论。他们敏锐的感觉和思想,给我的思路以不少的触动和启发。这种教学相长的情形,是我以往在研究所埋头研究时难以体验到的。研究生们也给我许多鼓励,每学期评议讲课质量时,在 5 点 very good 与 6 点 excellent 之间,都给我判了 5.76—5.85 的等级分,而且加上一些"教授视野开阔,学术能力强,创造力旺盛"之类的评语。有时令我惊诧:我有这么棒吗?

《礼记·学记》说:独学无友,则孤陋而寡闻。把同学们当成朋友,是可以激发自己的学术活力的。比如讲《史记·老子韩非列传》的时候,我逐句分析所附的庄子传,发现太史公关注的是庄子与老子、孔子的关系,所述不及《庄子》内篇的核心思想,就觉得太史公对庄子的研究不及对老子、韩非子的研究

[①] [宋]葛立方:《韵语阳秋》卷二十,中华书局 1981 年版。

深入。最后讲《史记·孟子荀卿列传》所附的墨子二十四个字："盖墨翟，宋之大夫，善守御，为节用。或曰并孔子时，或曰在其后。"这种错乱年代，将墨子附于列传最后，只述二十余字的写法，说明风行二百余年的草根显学，在太史公的时代已衰微到了几乎进入绝学之境。而且《史记》只说不可能接受爵位的墨子为"宋大夫"，未及交待他出生的里籍，以致后世至今有关他的里籍争论不休，甚至肝火极旺。我主张这个问题可以不必计较后人的饶舌，而以墨子本人所透露的消息为准。根据《墨子》文本的内证，他有意无意间给我们提供一个定位系统，墨子应该是鲁国南面边鄙之地的人氏，这些边鄙之地居住着东夷部族。由此可以分析墨子的草根文化的根源，剖析他与东夷文化的联系。这对于将诸子研究纳入中华民族共同体发生过程中的华夷互动体系，具有本质的价值，可以极大地拓展墨子研究的文化空间。但是，来自河南中南部的个别研究生在感情上难以接受。我们就进一步分析先秦文献中墨翟、禽滑釐及其身后的墨家"钜子"的活动轨迹，认定河南中南部是墨家民间结社团体的根据地，或他们止楚攻宋，实行"非攻"主张的大本营。在课后的讨论中，我戏说鲁南鄙诸小国是墨子的"韶山冲"；河南中南部是墨子的"井冈山"，井冈山在某种意义上比韶山冲更重要。这些想法，都是受研究生提问的启发的结果。

先秦诸子还原四本书在北京中华书局出版之后，研究生们每人购得一套，纷纷阅读起来。适逢这时我要到北京出席在国际饭店召开的"先秦诸子还原四书发布会暨文化经典研究座谈会",聆听到澳门大学校长赞许先秦诸子还原四书是"一套代表一代学术水平的重要著作";"这代表了澳门大学人文科学的高端成果,对于提高澳门大学人文学科的影响具有重要意义。而这次发布会更是澳门大学建设成为一流大学的首发成果";"有学者评说《先秦诸子还原》四书魄力雄伟、运思绵密、悟性极高,从大文化上、从根本上阐释诸子的生命过程与学理本质,开拓出富有创新性、启迪性的学术境界"。我想,赵伟校长鼓励我指点研究生,使之通窍,更重要的希望我自己也要通窍。他是认为我算得上"通窍"的学人。我赴北京之前,研究生们提出,在我离开澳门不能上课的两周内,他们召开两次讨论"还原四书"的学术沙龙。待我从北京回到澳门后,他们交来19篇研讨文章,作为这个学期"学术研究专题课"的作业。我在回来的当天晚上,就兴致勃勃地读了其中的5篇文稿,感到思想不拘一格,论述颇有新意,使我对澳门大学的硕士研究生的水平刮目相看。在其后的阅读中,印象就更好。他们思想活跃,善于把诸子还原看作生命的还原,思想过程的还原,文化基因的还原,民族思想文化发生的丰富复杂脉络的还原。对于如此"还原四义"的把握,他们各有体会,各有探讨,有些还令人感到相当新鲜、深刻——此乃所谓开窍也,我颇有些为之感动了。

　　学术的进展,往往与反思有关。对于前代的学术传统,或者当下的学术空气,那些有思想的研究者总会沉下心来,考察其潜流,分析其优劣利弊,心中有数地开拓自己的学术方向、角度和空间。学术反思是学术起步的助推器。我发现,研究生的文章中就有这样的反思,其中认为:以往未免支离破碎的学术领域,有必要再次整合起来。以学科为中心的研究,还是要转向以问题为中心的研究上来。"还原"就是要时刻提醒自己"想古人之所想",让古人的文字跟他们的头脑、他们的身世经历联系起来,仿佛古人的所思所想复活了一般。有的文章又进行另一种反思,认为当下的叙事研究提倡通俗化、日常生活化,常常把宏观叙事消解为满地鸡毛,很难给人思想启迪。而诸子还原却把文化英雄加以日常生活化,比如关于墨子的"东夷草根"的论断,就有"去圣化"的特点,这样的研究思路使诸子变得可亲可敬,又有一种追求真理的执着和睿智贯注其间,读之可得精神的滋养。有了这种反思,离开窍就不远了。

灵窍一开,就可以赋予学术新的维度,新的理路,新的视野。研究生们从诸子还原四书感受到,"杨老师的还原法有一招很简单也很厉害,那就是既有意识地将人情物理的尺度渗透进考证,常常轻轻一触碰一拨动,便点破前代学者的迷执,照亮历史深处的迷津。……优秀的人文学者读书无数而一定不是书斋动物。"一些文章视野相当开阔,纵论十家九派,对于儒、道比较,先秦与秦汉、晋宋、明代的思潮、体制的疏通,均能以所学之长与对诸子的新理解沟通起来。直至于如此比较道与德的思想实质:道是一种自然崇拜,一种道家哲学的最高范畴,上浮于天；德是一种祖宗崇拜，一种儒家的人伦理想，下沉于地。中国人的精神信仰就在这天地两极来回流动。一些判断的准确性尚可推敲，重要的是它们已经洗去刻板和迂腐的尘土，走出陈陈相因的窠臼，给人带来几分活泼、几分新鲜。比如对老子"反者，道之动"的思想方式的探讨，既看到相反方向的否定运动，又看到返本复初的回复运动，还将之延伸到精神、社会、政治等广泛的领域。这种复归于婴儿之道，这种逆向思维，在柔韧中蕴含着刚强，是一种以退为进的思想方式。

对于庄子妻死"鼓盆而歌"，研究生的文章则参照有关的学报论文，引用了不少属于民族志和民俗学的材料，包括《隋书·地理志》《朝野佥载》《异域志》等唐代到元代的史地文献，将之解释为南中国民俗中"唱斋"、"娱死"丧葬仪式的表现。同时指出，庄子对生死采取达观态度，认为万物生生死死，一代接一代如同在天地这个"陶钧"（轮）上转，无始无终，"伟哉造化！"尤其是引用由广东惠州迁徙到马来西亚的一位102岁人瑞逝世时的材料和图片，这个四世同堂的家族亲友四十多人，穿着红衣，拉着红龙须，顶着烈日步行两公里，把丧事当喜事办理。由此反证庄子老婆60岁死（根据《庄子还原》的考证），在古时已是长寿，鼓盆而歌，也表达了庄子对老婆长寿而终所感到的安慰。这些论述独辟蹊径，读来韵味罩然。学术研究当然需要丰厚的积累、严格的训练，但是开窍更应该重视，只有开窍了，才能将辛辛苦苦的积累和训练化作生气勃勃的创造。就此而言,是否开窍,与研究者对学术本质的认识密切相关。明人吕楠《泾野子内篇》说:"天地之精,开窍于日月;人物之精,开窍于耳目;草木之精,开窍于花实。虽小大不同,其理一而已矣。"①又说:"圣人宪天聪明,则万国理,万物育,诸窍皆通矣。"他以开窍贯通于天地、人物(包括圣人)、草木,赋予宇宙蓬蓬勃勃的生机。感受到宇宙的蓬勃生机,庄子欣然追慕:"得至美而游乎至乐。"灵窍一开,创新涌来,这是何等美轮美奂的学术景观,何等飘逸自由的智慧欢乐!

2014 年 10 月 10 日修订

---

① [明]吕楠:《泾野子内篇》,中华书局 1992 年版。

读书的战略与治学的兴趣
——杨义访谈录(赵稀方访谈)

赵(稀方):杨老师,80年代您以中国现代文学研究驰名,现在看您的《中国现代小说史》,仍然觉得很有价值,宽泛的文化视野、出色的审美直觉以及丰富的材料使它得以成为经典而流传下来。记得美国王德威先生曾经在一篇文章中,赞叹您的小说史的文化研究的方法。《中国现代小说史》距今已经十几年了,回头望去您现在有什么新的看法?

杨(义):这部小说史可以说是我的成名作,也是我在学术界开始站稳脚跟的一部著作。实际上,一开始并没有意识到这一点。我是"文化大革命"结束之后的第一代研究生,现在号称"黄埔一期"的中国社会科学院那代研究生。当时条件很差,可以说是借窝下蛋,就是说连自己的一个窝都没有。那时候是在北京师范大学借一栋楼,然后在他们院子里面支起一个木板房,作为阅览室和图书馆。一个屋里面住六个人,艰苦度日。那时候对硕士研究生还比较重视,不像现在博士、博士后都不稀奇了。那时候学习风气还比较好,那一代人比较刻苦。不过,这一代人因为经过"文化大革命",整个的学术过程不完全是经过科班训练的。我报考唐弢先生的研究生的时候,连一本像样的文学史都没看过。像王瑶先生的文学史啊,林志浩先生的文学史啊,唐弢先生的文学史啊,那时候都找不到。就是凭着自己平时读了很多书,我此前读过《鲁迅全集》,郭沫若、茅盾、巴金这些人的选集和主要著作也都读过。这一代人比较能够思考一点问题,从颠三倒四的历史曲折中悟出了很多问题,他们更加带有思想家或者说是社会文化观察者性质,和前代学者不一样,跟现在的学者也不太一样。

以一个人的力量来写一部多卷本的文学史,在80年代还没有人这么做。那时候都集体写史,可能有一两个老先生带着一二十个人,或者是由好几个高校联合起来写,这样写好多人都能够评上职称。我当时是初出茅庐,刚刚研究生毕业,才30多岁,自己想独立地写一部文学史,大家都不太相信。我是在别人怀疑的眼光中开始这个项目的。它当时既不是国家重点项目,也不是院里、所里的重点项目。在我们研究室的七个项目中,它排行第七。我就是在一分钱的科研经费都没有的情况下,开始这么一个大工程的。我当时住的房子很差,就是农村生产大队的房子,冬天刮风都把树叶刮进屋里来。摆一个床,摆一个书架,摆一张桌子,再摆一个冬天生火的炉子,就没有空间了,这就是我做研究的环境。自己当时实际上也说不上什么雄心壮志,就觉得经过"文化大革命"之后很多问题应该重新思考,而且改革开放的时代风气给我们提供了很多思考的空间,使你学术的思维完全可以超越过去的五六十年代。

但是从我们自己的学术积累来说,也还是刚刚开了个头。譬如说我自己本是农村来的孩子,就像耕地一样,我一亩一亩地把它开垦出来,一个一个作家地把它读完。我那时候来所里,每一次来就带一大包书来还,文学所不坐班的,回去之后下个礼拜再来带一大包书。文学所图书馆的管理员对我的印象特别深。我借书还书特别按期,而且量很大,周转得很快。现在你去看文学所的旧平装,或毛边书,很多书都是唯有我一个人读过,或是我第一个读的。有一个老先生问我,现代文学的著作里面有很多不值得读的,你为什么下这个决心把这些书都读一下?我说,一个国家这么大,总是要有一两个人,两三个人把它们都统统地好好地读一读,其他人才可以不读。如果大家都不读,有些好东西就埋没了也不知道,有一些作品怎样回到原来的状态去评价也不太清楚。所以这番阅读,实际上是一件辛苦的事,并不是带着一种鉴赏的游戏的心态,而是带着一种职业的心态。当然,还是有自己的乐趣在里面。这个作家那个作家,他的优劣长短高低,你在读的时候体验到,而且在20世纪这么一个动荡的社会、复杂的人生中,他的文学表达的特殊形态,你读了之后当然也就是认识了一个人,认识了一个作为文学的人和作为人的文学。所以这种情况下，也有自己的乐趣在。实际上自己在这方面准备得很不充分，但是不充分也有不充分的好处。因为我是第一次读，等于每一个作品我都是第一次品尝，所以就有第一感觉，通过日积月累把这些东西读下来了。这比那种早读过，再读就落在人家的套套里面的读法不一样。比如说茅盾的作品我都读过了。但是你读的时候，你所得到的印象都是人家过去固有的评论把你束缚住了，你再读也是这个样子，不过是更近一点。而当时的我等于是一个闯入者，我自己从头读，因而我就有自己的感觉，有自己的印象。这个既是弱点，但是如果我刻苦，能够长期坚持不懈的话，也是一个优点。我可以不断读，不断地产生第一感觉。我做小说史，下了很多实质的功夫。我并不是根据一个概念或者一个理性的程序结构去读书的，而是一个一个作家一本一本书真把它读完。我从作家作品开始，尽量系统地读了一批作家一批作品，在纵横比较、精细体验中，把握每个作家在当时整个时代里面的位置。读原版书，读原版报刊，逐渐逐渐地读出原汁原味，从作家到流派，好几个流派、好几个作家群我把它读完了，整个这个历史阶段的文学总体面貌和总体变化，就自然而然地浮现出来了。就是说我做学问是一竿子插到底，而不是把竿子扔过去，漂到一个已经形成了的流向的河流上，人家那个流水冲你到哪儿你就到哪儿。

从最基本处做起，也是我所以选这个项目，用来弥补我原来对现代文学的了解不足，通过不断地下笨功夫阅读来弥补知识的缺陷。同时通过这个项目逼着自己必须读书，给自己加了一个在别人看来是可望而不可即的压力。农村来的孩子就是有这么一个好处，他不怕苦，觉得怎么辛苦也比我在农村里去种地啊去挑粪啊去割稻子啊还要轻松一点。有这么一股劲头，就可以把一些硬骨头啃下来。而且读书要心无旁骛，要专注。专注才能深入思考问题，水滴石穿。即使再蠢再笨的人，在一个问题上不断地思考，总是得到天启，这是心灵上的一种接力，总是一棒一棒地能够达到终点。

我在这十年中没有离开北京开过一次会，应该说是很寂寞吧，也没有想过要去国外镀镀金。我在国内参加全国性的学术会议始于1989年底，那年到杭州开第一次现代文学的会议，被选为学会的理事。我出国是1992年，小说史已经写完了。我是用了很笨的办法来克服自己的种种不足。应该说我读现代小说可能是读得比较多的了，读的时候不断地做卡片，不断地作记录。那时候我连复印费都没有，就是手抄。读长篇小说、短篇小说，要做提要；再读对它们的评论，做卡片。这部书我是十年磨一剑，下了狠功夫的，是自己读书的结果，带有我个人阅读的感受在里面。可能在理论上离很远很抽象的思考还少了一点，但是这种直觉的感受，或者说把文学的历史存在尽量地原汁原味地交给大家，给现代文学入门的人一个最初的起点，这一点上我觉得是不惭愧的。

这部书现在在国外影响相当持久，为什么？就是说一个外国的学者或者外国的博士生，要研究中国，比如研究沈从文，或者胡风，或者路翎，那么就要知道在这整个时代中国文学的结构是什么样，他的周围有哪些人，跟他相同的、相似的、相反的，形成对比，形成互相推移的有哪些人。你看看这部书，他们周围的情况就比较清楚。或者说你要研究哪类题材的作品，比如家庭题材，或者城市题材，或者是乡土题材，到底它们在现代文学中有哪些家底。你读读这部书，大体就知道家底如何。还有想了解某个作家跟古典文学的联系，跟外国作品的联系，他在这方面讲过什么话，他的作品又有什么反映，虽然不是很专门的研究分析，但是在这部书中大体能够找到许多材料许多线索。因为写史不是说用你的思考来代替别人的思考，那是史论的写法。写史要把最原始的材料通过你的记述，通过你的结构，原原本本地交给大家，使人家从各种各样的角度都能够取得最初的起点。

大家觉得我这部书写得很长，150万字。有人说，为什么不写短一点呢？我觉得隔代修史，是应该有那么一两个人写几部比较完备的历史，后人在做进一步研究之时才能够省一点力气，才能够有更多的根据。比方说，如果你要研究汉代的历史，没有《史记》那种写法，没有《汉书》那种写法，大家都像贾谊那样发很多政论，他的观点很突出，很杰出，作为政论家是可以的，但是作为一个史家，就不能把最原始的材料保留下来，那么我们现在要去研究汉朝的历史就会很麻烦了。你找不到最原始的材料，只好发空论。所以我们必须要把这种史的品格保留住，它就是很实在的。当然我提供了一个最初的起点，提供了大量的材料，你可以再重新去思考，重新去整合。有时候有些文学史过于重自己，觉得自己是接受美学、女性批评或者是什么，觉得这些观点一来，历史就重写了，就突破了，又是一个新的阶段了。但是当这个潮流过去之后，这些观点别人不那么感兴趣的时候，再来看你这部书，如果你是从女性主义的角度写的，我想从别的角度再谈论这段文学的时候，在你那里将一无所获，或者所获甚少。因为所有的材料都被你染色了。所以我觉得一个史家写史，与史论家、政论家有很大的不同。我是在大量的文献积累、梳理和分析的基础上，把它作为一部货真价实、本色当行的史来写作。这样你反而很朴素很直接，很能够保持它的整体面貌和原始状态，反而能够给读者提供更多的思考的空间和研究的可能性。

赵：杨老师您下了坐冷板凳的决心，潜心十年，这个是很难做到的，也是最可贵的地方。我现在问第二个问题：在现代文学领域您取得了非常丰硕的成果，成为现代文学研究的大家以后，忽然遁入古典文学研究，现代文学学界都觉得很纳闷，那您能不能够谈一谈？

杨：这其实也没有什么特殊，因为我是在一个国家的研究所里面工作。国家研究所给你思考问题而提供的可能的学术空间和文化视野,是跟在一个具体的学校或者地方上的单位不太一样的。第一是时间很充分,因为不坐班,只要你愿意读书就会有时间,就不妨把学术规模设想得大一些。我的学术转移有几个原因,一个原因当然是我内在的原因。我从小对史学、哲学比较感兴趣。包括后来在大学期间,在"文化大革命"中还有后来分配到工厂的十年,我文史哲经什么书都读。我读过《资治通鉴》,也通读过《史记》,读的时候跟读《鲁迅全集》一样用功夫。就是说不是把阅读作为一种专业,而是作为一种精神体验。比如说读完马克思的《资本论》之后,突然感到自己的内心好像上了一个境界。你跟着一个伟人,跟着他的思路去走了一圈,最后体悟到人类文化、人类智慧的高峰原来是这个样子,伟人是这样生产人类经典的。你把这些大书读下来之后,就能感到一种精神的进化和升华。

我在研究生之前,在研究现代文学之前,对史学、哲学是下了一些功夫的,当然不是作为专业,而是作为一种精神体验来下的功夫。(赵:"文革"期间能读这些古籍那是真的不容易。)因为《资治通鉴》毛泽东爱读,所以就出版了,《史记》也标点了,《古文辞类纂》可以从内部买到。我们那个工厂里面在筹建图书馆,宣传处当时有个处长非常喜欢买这种书。读《资本论》是在人民大学,在"文革"中图书馆关门了,但是人民大学教马列主义的基础课,所以《资本论》可能就有几十本。当时拿出来处理,我花五毛钱买了《资本论》三大卷。买了之后,没有别的书看就读这部巨著。作为一个初学者,读了经典之后,不是说你那时候怎么理解,理解多深,而是你由此知道什么叫经典,经典要达到什么样的思想风貌和精神高度。这个问题虽然朦朦胧胧,但是它对你精神的潜在影响是存在的。我内在的心理中一直有这么一种寻找经典的思路。

再加上我三卷小说史完成之后,现实给我提供了一种新的可能性。小说史的第一卷是在人民文学出版社出版的。我应该感谢人民文学出版社,因为我是个初出茅庐的年轻学者,才拿了第一卷五十万字的初稿到它那儿去,它作为国家级的文学出版社竟然拍板给我出这部书。这样就解决了我出版的后顾之忧。因为你出了第一卷,再出第二卷第三卷就顺理成章。只要你达到了这个水平,就不会不出版的。所以我感觉它就好像告诉我:你就做吧,会有人出版的,而且是国家的文学出版社给你出版,你要好好地做。这给我帮助就很大了,因为如果拿到我这部书稿,还是犹犹豫豫,举棋不定,这个地方转来那个地方转去,给你转个四五年,你学术激情和学术的延续性就很难保持了,你内在的学术自信心也会受到挫折了。这家出版社好就好在看到这部书是不错的,就拍板了。所以当时的编辑和后来的编辑,都成为了我的朋友。我觉得对一个刚刚走进学术界的作者,出版社的这种帮助是非常关键的。

结果人民文学出版社出了这部书,得到这个强大的助力,我在文学所就获得了许多进一步做学问的有利条件。小说史第一卷五十万字在出版社发稿，我的副研究员破格了。因为在人民文学出版社出一本书，那时候可不是用钱去买书号来出的。当时人民文学出版社算是一种规格。你一个人写一部史，人民文学出版社居然给你出，学术委员们就凭这一条，甚至可能还没看到你的东西就给你破格了。全院当时破格了六个，是第一批破格的学者。不久又申请到国家教委的高校文科教材，第二本一出来，研究员也破格了；第三本出来，你博导啊，什么政府津贴啊都解决了，就等于这一套书就把你在一个研究所里所有的那种学术职称方面的，甚至连带一些待遇方面的追求都解决了。这就等于解放了自己。因为你这个时候不管往哪个方向做学问，有这么一部书在垫底，人家就不会觉得你的选择是儿戏。原因是你做学问的那种功夫和你做学问的那种能力，已经得到了相当一部分人的承认了。在这样一种情况下，你就获得了一种学术的信誉，而且获得了一种学术上的自己解放自己的可能性。如果研究员还没评上，你就从现代文学突然跳到古典文学去，将来评职称成问题。人家会说你这么学习不专一，或者说哪个地方出点小毛病，那么你的职称问题不就一年一年拖下去了吗？那我现在不要别人投票了，甚至我可以投你的票。我那时候也是学术委员了，也是评职称委员了，还可以投人家的票。在这种情况下，只要我不求给我新的著作评奖，就可以用一种比较自由的心态来开拓新的学术境界。

也就是说，原来的一种内在的精神上的需求，一种精神上的准备，再加上现实的可能性，促使我从现代文学研究转向古典文学研究。如果我继续停留在现代小说史的研究领域，我读过那么多材料，足以使我再写十本现代文学的书也不会感到很没把握。我在读过的书刊上，抓住十个问题，诸如作家或者流派之类，我完全可以写出新书来。包括我那本《京派与海派比较研究》，我是三个月写出来的。因为我对京派海派的材料很熟了。出版社约我写，当时说三个月给我出书，很快我就写成了。1987年写出京派海派比较研究的书，当时在全国是第一本，还没有什么学者关注京派海派问题，但是出版社给我耽误了，七年之后才出这个书。就是说我已经具备学术上重新开拓新的天地和新的境界的可能性。出版社后来都商业化，实际上这本书如果那时候出是第一本，京派海派过了好几年之后，90年代才开始热起来的，我是1987年写出来的，又加上我还编了两本《京派小说选》和《海派小说选》，现在都石沉大海。但是我当时对这本小书也不着急，因为我的小说史在那里不断地推出，比起小说史，它不是我最主要的作品。如果是我主要的作品，我就会非常关注这个事情了。就是说，我当时如果继续研究现代文学，京派海派，或者是作家论，或者是其他一些主题母题的研究，我可以做出10本书，甚至在10年内做20本书都有可能。

但是作为一个学者，我那时才40出头，还不是吃老本的时候。而且在一个研究所，总觉得现代文学30年50年，好像对于整个中华文明来说是一个很短的时段，虽然是一个很关键很重要的时段。但是它毕竟很短，很多问题必须把时间段拉长之后才能看清楚。我想一条曲线要是截取它极短的一段，很可能就变成一条短短的直线，要把它拉长时间段之后才能看到曲线的复杂过程，才能够真正地透视人类的精神深度，才能够透视东方文明实质性所在。所以我决定转到古典文学。但是决定容易，要迈出实实在在的一步就并非易事，从哪里迈出第一步是很关键的。如果要追问我迈出的第一步，那是按照学术的内在逻辑，按照学术的需求，按照我的精神渴望做出选择的。我不能不这样做，感觉到这一点，才能够做出有血有肉有生命的创获。那么第一步迈到哪儿去呢？第一步我选择古典小说，因为我在现代小说方面已经出了这么一部书了，总不能说我不会分析小说吧？古今是可以相通的。我能够分析现代小说，当然也能够分析古典小说。而且我可以打着探源溯流的旗号，为现代小说的发展探寻它的源头，这样别的学科就很容易接受你。就是说，你不是来抢我的饭碗的，是来探源的，是个旅行家。这样你利用原来的优势去发展一种新的优势，而不是脱离原来的优势，脱离学术的内在逻辑随便找个活儿干。况且我这个时候需要申请一个重点项目。因为我作现代小说史这么多年，从开头就不是重点项目，没有经费，吃了很多苦。很多东西都是手抄的，本来可以复印一下，但是连复印费都没有。那时候工资也不高。我能坐车的时候都是骑自行车的，到北京图书馆或者到哪儿都是骑自行车去的，背个书包带个干馒头，真是苦打苦闹。

我需要有经费,需要做一个重点项目,那么就必须取得学界的认可。选定古典小说史这个切入口,是容易得到人家的承认的。因为这时候你的现代小说史好像还有一点影响,你去探源,人家觉得是情理之中,所以一下子先从小说这个渠道进入古典文学这块新天地,是明智之举。进去之后就不仅是探源的问题了,就需要按照古典小说存在的内在逻辑去运作,可能采用文化学或叙事学的思路。我在进入古典小说之后,就觉得这也是对传统的学科结构的一个超越,它本身也是带有挑战性的。因为搞现代文学的人去搞古典文学,在过去是隔行如隔山,学科分割很严密。因为这种跨越学科的行为,1950年代成长起来的学者他们没有这么做,就是说建国以后的学科体制不允许,或不提倡这样做,它把整体的智慧分割成知识的碎片了。可是你在一个研究所里面既然有时间,也不用教书,你就可以这样做。但是隔行如隔山,因为它不仅是知识结构的问题,知识结构可以通过勤奋得到,还有一个学术方法的问题,还有话语体系和评价体系的问题。搞古典文学和搞现代文学的学术方法、话语体系、评价体系不太一样。因为搞现代文学的许多人比较看重进化论,好像每一个东西出来都是对古典的突破。照此类推,你研究古典不是研究一大堆垃圾吗?因此还有一个评价体系的调整和建设的问题。

就是说要有一个文化还原的工程,既然力图跨越,就有可能古今贯通,还原中国文学的整体性。这个整体是一个生命的过程，就要做整体的生命还原工作。切不可听任研究现代文学的说古典文学一钱不值，搞古典文学的又说现代文学一钱不值，如果那样，你就陷入自己和自己打仗。既然要还原中国文学的整体性，进去古典小说之后，就要对于文学文化的整体把握能力作全面的试炼。它不是一加一等于二，而是从这里产生出一系列的新学理。古典文学的学理，在学术方法上很重视实证，同时又对于古典资源的当代意义往往不如现代学者敏感。古典有什么当代意义？有什么可以古今相通，中外共享？因为你有现代文学的知识结构，作为一个深刻的学者，就必然会去思考这些问题。就是说，从古典文学的研究中发掘古今相贯、中外共享的这么一种含有生命浓度的智慧，印证古典文学的当代价值。这反而可能成为从现代进入古代的学者的一种优势。

既然进入一个陌生的领域，当然也不是特别的陌生，因为对史学，对于古代许多重要的小说，我们过去读过不少。但是作为一个需要重新去耕耘、去思考的学术领域，很多问题都要在新的深度上重新清理和辨析。这个时候我特别严格要求自己。你越是走到一个新的原来是别人的研究领域，就越是要自重和自励。别人出一分的力量，你就出五分的力量，别人出五分的力量，你就出十分的力量，把研究搞成像模像样的研究。第一步要当学生，因为学术是没有止境的，是一个不断当学生的过程。向搞古典文学的人请教，读他们的论著，体验他们做学问的心得。同时你写的最初的文章，请一两个你比较佩服的或者最佩服的老先生给你挑毛病。我当时第一篇第二篇的古典小说论文，是请曹道衡先生和沈玉成先生看的，让他们给我挑毛病。他们读了你一两篇论文，指出哪些地方还不太适应，哪些地方是古典文学研究的绝招，他们的看家本领在哪儿。其实说透了也就是那么几招，但是你不懂所以必须当学生，用这种态度来获得一种新的学术能力。

进入古典文学领域之后，我首先做的是《中国古典小说史论》这么一个项目。这个项目由于刚才我所谓学术转移选择的基本得当，所以很快得到了国家社科基金的资助，作为社科基金的重点项目，那时候是一万多块钱。一万多块钱对我来说，在当时算是很大的帮助。可以买书，因为到古典文学领域，还有很多必备的书要买，而且可以复印一些东西。我觉得，我在古典小说领域的研究，是很认真地下功夫的。我创造了一个纪录。就是《中国古典小说史论》这本书，居然有七篇文章是在《中国社会科学》上发表的，还有一两篇是在《文学评论》《文学遗产》上发表的。一部著作这么多篇文章在《中国社会科学》上发表，大概在中国的学术著作当中很少人能够这样做，六七篇啊，几乎每年都发一篇或两篇。我是下功夫的，把每一章作为很认真的论文去做。我这部书四十多万字，人民大学的《复印报刊资料》竟然转载了将近三十万字，一半以上的篇幅，它们转载了。我觉得，对一本书来说也是一个小小的纪录。

所以我觉得自己迈进古典文学的这一脚是沉重的，但也是踏实的,绝对不是儿戏的。因为你在开拓一个领域的时候,更要注重自己的学术姿态。后来一些外地的学者告诉我,当时有些搞古典文学或者古典小说研究的研究生或者博士生导师,开头不知道是我,就说:哎呀,古典小说研究这方面有一个老手,说我是个老手。包括海外的,比如韩国的、新加坡的,他们有一些搞中国古典小说的学者,认为中国有两个杨义,一个搞现代文学,一个搞古典文学。因为我这个名字很容易重名,而且按照中国过去的惯例,你现代文学搞这么多东西,古典文学又搞得也还不是外行,好像是两个人,后来开一个国际会议碰到的时候才知道是一个人。所以我进入古典文学,是抱着一种很严肃的、讲究实学的态度的,而且是经过仔细的战略性的选择的。真有点如《诗经·小雅》所云:"战战兢兢,如临深渊,如履薄冰。"据《文学评论》的报道,古典文学界在有关百年回顾与前瞻的一次学术研讨会上,竟然认为近年有七本古典小说研究的优秀著作,把我这本书排在第一本。这是古典文学博士点的教授们召集的研讨会,我没有参加这个会,后来才看到这个报道,起码可以说他们是认可我的研究的。而且我碰到一些著名大学的教授,他说他教古典小说史,就靠我那本书,因为现在的大学生,不喜欢你讲陈芝麻烂谷子的那些知识,而应该讲些具备学术和文化敏感度的命题,创新和深刻是使学生乐意听课的基本条件。我这个研究不是说都很成熟,但是它能够带来启发,可能有一些新思路。刚才我讲了,我不是像人家书香门第出来的有很多家教，有很多训练，童子功非常好，但是那也容易被原来的一些成见或者框框把你框起来；而我早年读的很多书，都是我通过自己的生命体验得来的，还读过几本大书，这也是很重要的。

对进入某个学术领域，你有一种探寻究竟的欲望，然而在进入的时候首先要考虑有没有立足的空间，有没有原创性的空间。古典小说搞的人已经很多，譬如研究《楚辞》，《楚辞》已是很高深的学问，一千年的研究，尤其是20世纪的许多研究，已经有许多开拓和建树。李杜研究，有些古典文学的研究者就觉得那也是大路货，讲不出更多的新话来了。在这种情况下你进去，就要给出你存在的理由，你有没有可能自立地步？如果人家已经写了100本书了，你再去写一本书，加进去101本书，那你何必？现代文学你已经积累了这么多材料，你跑到那儿去干吗？从赚稿费的角度你也不应该这样做，你费了九牛二虎之力，只不过给人家增加没有亮点的一本书啊。我觉得为某个领域增加一本书，应该是在另外一个天地里的第一本书，开辟了新的思路和新的境界。就是说我不是亦步亦趋地去做一本，而是走到一个新的审视的台阶上，一个新的视野上做的第一本。请设想一下，我这些文章为什么在《中国社会科学》、在《文学评论》上都能够发表呢？因为你观察其中奥妙，讲出一些别人还没有讲的意见。

比如说20世纪的古典小说研究，接受了西方的小说观念。

西方的小说观念和中国本土原有的小说概念是存在错位的，并不是完全吻合的。它们有相通的地方，又有差异的地方，有合而不合的地方。这种差异我们过去习焉不察，或者就认为只有西方的观念正确，我们祖宗不符合西方观念就是他们当时的智慧不够，那么在这种理解的夹缝里就存在着值得我们重新思考的很多问题。西方的理论进来之后，曾经给我国古典小说的研究展示了一个新的视境，但是这个新的视境和我们原来的视境存在着差异，存在着错位。那么就需要再经过西方的小说理论的洗礼，对它的整个概念，包括它的内涵、外延和科学论证的方式了解之后，再回到中国本身的小说观念当中，进行一番还原研究，在还原中实现深刻的创新。比如《汉书·艺文志》里面的小说概念，对我们就有本质的意义，它提供的2000多年前的15种早期小说，有《伊尹说》《虞初周说》之类。所谓"小说家者流，盖出于稗官。街谈巷语，道听途说者之所造也"。回到这个中国小说家的原点来研究中国文学经验之本然，拿它和西方理论进行比较。这一比就比出了东西文化的异同和距离，这种距离就是我们的原创空间。我要选择本然状态的经验和智慧作为学术思维的逻辑起点，我们的创新应该是有根基的创新。我们过去习惯按西方的理论来讲，《红楼梦》是现实主义，那么太虚幻境怎么解释呢？它是按巴尔扎克、还是按左拉的方法来写作？如果没有太虚幻境，也没有女娲补天这块石头，也没有绛珠还泪这么美丽的神话，那么它还叫《红楼梦》么？正是存在着这份特别的神秘,才值得我们重新解释,以解开我们东方智慧的密码。

赵：您刚才谈的涉及我想问的第三个问题,您在古典文学的研究上现在已经非常有成绩了,我们注意到您论述到中国古代的叙事文学的时候,中国诗学的时候,有一个很别开生面的特点。当代学者在论述这个问题的时候,经常直接套用西方的叙事学理论,西方的文学理论,拿中国的作品当例子。反之看您的著作,包括您的《李杜诗学》,我们很少看到这些东西。所以我们在讨论文化身份,讨论现代和传统的关系的时候,经常提到这点,您在对中国古典文学的研究中,如何比较中国诗学和西方诗学的关系？

杨：这可能与学术经历有关系,我是先从一个文学史家变成一个文化学者,这么一个学术过程,使我从中国历史中获得自己的立足点和出发点。我作为一个文学史家,读了大量的中国的典籍,以典籍的角度,去思考中国文学、中国文化的身份,及话语、评价体系。这样在我接触西方理论的时候,就总是采取一个对话的,既借鉴又质疑的姿态。比如说,我搞中国叙事学,在阅读西方叙事学的时候,因为我的优势是读过几千本中国古今的叙事文学,包括古典小说、现代小说和史学,甚至一些戏剧。既然读了这么多文献,我就总觉得它应该有自己的一个解释体系,应该有它的一个话语体系,用它来和西方的理论进行深层次的对话。

西方理论的产生，汲取了从古希腊罗马、古希伯来以来的文化经验和文化逻辑，逐渐演变出现在的理论体系。这个理论体系的每一个术语都有它的生命过程。它或者是对前代理论的承传，或者是对前代理论的变异，或者是对前代理论的颠覆。每个术语在西方都有它的来龙去脉、盛衰衍变的生命过程，就是说它在西方是一种智慧形态，是在不断地生长着的。假若我们中国人把西方的理论拿过来，它的概念术语就脱离了原来的发生、存在、发展和变异的历史文化语境。它们也就变成了一种知识，它已经是一种成果。智慧是能够结成成果的生命过程，而知识是已经变成成果的凝固化的智慧，所以我们要把它拿过来，跟中国的文学和文化经验结合起来，这里面还须有一个智慧催生和重造的过程，也就是把外来术语消化吸收，重新纳入新的生命整体的过程。二者是不可能简单地完全一致的，而必须要在既借鉴又质疑，在平等对话的过程中形成新的生命。因为西方理论是在特定的环境中产生的，它并没有依据中国大量的文化经验和文学的生命形态，所以许多西方理论家对中国的文献知识是相当隔膜，知之不多的。

在这种情况下，中国的文学理论家和文化学者，完全有资格，而且完全有能力，根据自己的智慧在寻找跟西方理论对话的话题的时候，产生出我们自己的话语体系。但是要用心寻找共同的话题，没有共同的话题，你只能关起门来自言自语，难以获得人家的理解，难以融入世界的整体学术当中。要寻找共同的话题，在共同的话题上，用不同的智慧对话，重新组合成一个生命智慧的整体。所以我在研究中国叙事学的时候，提出四句话作为我的学术方法：**回到中国文化的原点，参照西方的现代理论，贯通古今的文史，融合以创造新的体系**。要害在于找到中国的文化原点，找到我们最原始的、最核心的、最精华的那部分智慧的根子，由此建立思考世界的逻辑起点和文化立足点；然后参照西方的理论，跟西方的理论进行对话。这个文化原点和西方的现代理论之间存在着很大的距离，这个距离就是我们发挥原创性的空间。只有这样才能把中国的智慧从古代形态转化为现代形态，古今沟通中外共享才能够实现。这种思维方法可能会给我们的现代智慧，也给人类的智慧增加一点新的生命成分。

我在西方讲学的经历，也给我不少启悟。他们对我的讲学是非常欢迎的，甚至说我是他们请来讲中国文化讲得最好的，认为我的讲演是"经典的讲演"。并不是因为我套用西方概念，用中国的作品作例子证明你西方的概念好得很对得很，而是我拿中国的经验和智慧跟你进行对话，在你的智慧之外生成一种新的智慧体系。这两个体系是可以对话的，而且可以共同构成人类的多样性的文化智慧。比如说叙事的时间问题，叙事的角度问题，叙事的结构问题，不同文体的叙事体系之间互涉的问题。这么多问题，只有加入了中国的智慧，世界理论的整体智慧才能够变得丰富、博大。叙事时间，就是年月日与日月年的差异。甲骨文中的日月年（祀）跟英语是一样的，在商周之际的金文中有一段时期，月日年的表述跟美国英语是一样的。但是我们到了《春秋》《左传》，就确定了采用年月日的叙事时间顺序。这里面就包含着很多丰富的文化信息和时空衍变过程，这种宏观性的时空结构方式，影响了整个中国的叙事文学。抓住了这么一个基本逻辑之后，整个的中国叙事时间、叙事结构，就像庖丁解牛，豁然开朗。这种见解一经我讲出来之后，外国人都非常感兴趣。他认为你真正是一种智慧，真正是一种他们所没有思考到的智慧。中国几千年的文明，几千年的文学史，为什么中国人不能从这里面产生出自己第一流的理论体系和话语体系呢？这问题就在于我们怎么样去做。完全按照古代的操作方式，很难跟现代的研究沟通；完全按照西方的方式，也会对我们本有的几千年的智慧，隔靴搔痒，产生遮蔽，产生隔膜。

所以在对西方的理论研究的过程中，不仅注意到它的术语，同时更注意到它的术语的发生过程，智慧发展的过程。过程是一种生命形态。比如说诗学，西方的诗学是怎么样产生现在这个学理体系的？巴赫金怎么样产生他的对话诗学和狂欢理论？巴赫金的这么一个理论，显然是对陀思妥耶夫斯基，对拉伯雷的作品进行经典的重读和个案的分析而得来的，他是面对原始的文学存在和文学生命。他直接读经典小说，而不是隔雾看花，看作家怎么样讲自己的小说，或者别人怎么样研究他的小说。就像我们做博士论文一样，19世纪怎么样谈陀思妥耶夫斯基的小说，20世纪第一次世界大战之前怎么谈的，第一次世界大战之后怎么谈的，而我们现在要怎么谈了，前人哪些地方不对，又哪个地方对，我比前人多了些什么东西，又前进了几步。巴赫金显然不是这样，他是直接面对经典生命本身，以直接感受去解读陀思妥耶夫斯基的文本内部存在着一种跟托尔斯泰不同的诗学原则，不同于独白的一种对话原则。他也不是去梳理从16世纪到现在有多少人研究过拉伯雷，讲过多少理论，自己的理论跟他们那些理论有什么异同，而是直接面对拉伯雷的《巨人传》，进行经典重读。照我的观察，外国的许多原创性的理论，都是直接面对经典的，直接面对文学创作的原始生命的，由文本的生命直接生产理论的生命。

我有过一句话，李白的诗是写给我看的，而不是写给唐人看完，宋人又看，宋人看完，元明清人又看，然后我们的前辈学者又看，才轮到我一边看一边拾人牙慧。不妨换一个角度，说李白昨天晚上跟我一块喝酒，他拿起杯子来就做了这首《将进酒》诗："君不见，黄河之水天上来，奔流到海不复回！君不见，高堂明镜悲白发，朝如青丝暮成雪！人生得意须尽欢，莫使金樽空对月。天生我材必有用，千金散尽还复来。"我直接面对李白的文化风采，直接面对他的生命发扬，读其诗而得出我的第一感觉，得出我对它的体验和解释，这才去跟唐宋元明清的古人去对话，在对话中完善我的解释体系，补充我认知上的不足，要紧的是产生新的想法和见解。以往古典文学研究受宋人的影响很大，宋人以忠君报国的思想解读或误读前人。宋人活得很沉重，对杜甫，他们就很欣赏，对李白他们就不会欣赏，读得有点外行，觉得李白写风花雪月、醇酒美人，那是不足为训的。但是李白是通过这些意象来体验一种人生的意义、宇宙的意识，必须要用一种新的眼光和襟怀，才能领略到其中高明洒脱的宇宙人生的生命体验。今人应该直接面对李白，面对杜甫，与之心心相印，以生命感受生命。古人很多诗话诗评都讲得很妙，富有启发性，但是我首先要自己读李白，读杜甫，然后再跟这些诗话诗评进行对话。因为李白杜甫本身的智慧更带有原创性，他们的智慧高于那些诗话诗评的作者，那么我们为什么不面对更具原创性的更加高明的智慧呢？所以应该直接从李白、杜甫的诗本身，来讲我的诗学。这样讲可能跟学术界原来的学术操作程序有一些不一样，因而也有人跟我商榷，比如说，诗学就是要研究诗论、诗评、诗话，研究宋元明清人对唐诗的见解，这才叫做诗学。我不否认这也是诗学，但是这是再生性的诗学，原生性的诗学必须面对杰出的诗人，杰出的经典，这是原创性的。现在西方许多最有创造性的理论，都是直接面对原始经典。艾略特谈英国的诗，绝对不是说前人怎么谈了，我才这么谈，而是说我直接去体验英国的诗，因为这些诗带有更纯粹的审美体验在里面。这是他们西方理论创造的一种行之有效的方法，我们为什么只看它的术语，而不看它的术语产生的过程呢？

中国古代是怎样讲"诗学"的？中国古代也有"诗学"这

两个字，有些搞古典文学的学者竟然只知道亚里士多德讲过"诗学"，中国古人好像没有"诗学"这两个字一样。其实，中国从一千多年前就用过"诗学"这两个字，开头是指《诗经》之学，是经学的一部分。唐以后，诗成了"一国之艺"，成为国家艺术的代表，"诗学"这个术语就从经学化变成平民化。比如说，有人讲李商隐"诗学宏博"，有人讲我到年纪大了之后"诗学"更精通了，就把早期的诗作反复修改。在这里，"诗学"的内涵就是诗性智慧，诗的艺术。到了金代，元好问还编过一本《杜诗学》，跟我这个《李杜诗学》一字之差，我就是加了个"李"字就是了。他叫《杜诗学》，也是直接面对杜甫的诗作的，研究他的分类方式，研究他的创作体验，研究他写诗的方法，然后附录了杜氏家谱和古人评论杜甫的一些观点。到了元代有人说"诗学盛于唐，理学盛于宋"，那么"诗学"盛于唐显然是讲唐人的诗性智慧，而不是诗话诗评这些东西。诗话诗评这些东西，宋比唐要厉害得多。到了明清时代有了很多诗学大全啊什么的，这种书是教人怎么作诗的，所以中国"诗学"两个字本来就是面对创作的。你一定要画地为牢作茧自缚，硬要把诗学局限在研究诗话诗论，那是苦心何为呢？两个分支都可以研究，而且直接面对诗作就更新鲜，更具原创性。从直接面对经典而升华出来的诗学，更能够跟现代人沟通、跟人类共享。

中国现代的理论家们应该直接面对几千年第一流的诗学的和叙事学的智慧。讲叙事学要直接面对《三国》《水浒》《红楼梦》这些经典，而不应只是面对古代的评点。李卓吾、金圣叹、毛宗岗、张竹坡、脂砚斋们的评点要认真研究，那也是一种学问，研究起来也很有价值。但是更重要的是要读章回小说的经典，经典给我们提供的智慧，是高于这些评点，经典的奥秘有许多未被评点家读出来。至于《楚辞》，李杜诗，很多智慧精华是过去的诗话诗评的作者没有读解出来的。我们这代学者要做什么？我们既要去总结前人是怎么读诗文小说经典的，同时更有必要直接面对经典自身。经典的智慧是活生生的，是可以用现代文化智慧加以重新阐释的，由此抓住一些中外可以对话的话题，是古人在他们的语境中所不能知晓的。比如说对叙事学要讲叙事时间，古人就没有考虑到叙事时间的问题。所以光看金圣叹的评点，你就没办法跟这些现代命题对话，必须直接面对经典才能够找出共同对话的话题。

西方现代诗学的很多理论，我们古人没有谈及。因而我们不能只是从古人的评论出发，必须直接面对经典，才能产生出同样的话题，在同一个思维层面上进行新的生命体验，然后去跟西方对话，这应该看作一种非常重要的学术思路。这种学术思路要求我们超越陈陈相因的文学史框架，超越简单刻板地讲时代背景，作家身世，思想性，艺术性，作家影响这种"五段式"的套式，才能使我们的思想脱开束缚，突进经典作品的生命的本原。一个很简单的例子，李白的《静夜思》："床前明月光，疑是地上霜，举头望明月，低头思故乡。"思想性在哪儿？艺术性在哪儿？你用什么样的理论能够说明它千古流传，几乎家喻户晓？你用西方的女权主义？用西方的新批评？用神话原型？你说不清楚，用我们过去的现实主义、浪漫主义，用我们的什么思想性艺术性，你都很难说得清楚。它就是那么简单那么单纯，但是它就是千古流传，妇孺皆知。因而应该用自己的悟性，直接面对它，实际上它是勾起了一种人的原始的回忆。这种回忆，也可能被你日常的事务——评职称，考学位，或者去经商——给遮蔽了，蒙上灰尘了。但它给你讲故乡的童时明月，人是从那里走到人间的，这么一种原始的回忆一经点出，就会勾起来你的共鸣共感，一方面牵系着乡愁，一方面牵系着童年明月下的"本我"。这些生命体验，我估计去找古代哪个诗话词话恐怕都不会讲这个东西，它只可能去注解哪个典故来源、版本的变异，或者其他什么。祖先给我们留下这么多的智慧资源，我们为什么不能直接面对智慧资源的本真？

是的，西方所有的理论都要读，中国过去所有的诗评诗论诗话都要读，不是不要读，而是力求把它们读懂读通，以便使我们的现代智慧拥有深厚的基础。但是读的时候，不能束缚和遮蔽我们的感觉、悟性和原创能力，而是要保留我自己去直接面对艺术作品的原本生命的阅读权。我们讲《招魂》和《大招》，算是采用了生命体验的阅读和文化密码的破解的方法。《楚辞》里同样主题的两篇作品，古人读了多少年，著作权到底属于谁的也没弄清楚。东拉一个材料西拉一个材料解释得越来越复杂，但是这些材料跟它们没有直接的关系。在这种情况下，我就主张最权威的资料是文本，回到文本去。《招魂》是骚体，楚国的民歌体，带有一种悲剧的意识，写了很多表演的仪式，就不能在招魂仪式上使用。这个作品把楚怀王的灵魂当成真正的王者，迎接到正殿后宫享受九侯淑女。这样把楚怀王灵魂当成一个真正的王者，就等于质疑了现在的楚襄王，质疑他在楚怀王被扣留的三年自己称王的合理性何在。这种心理情绪使它的作者就呼之欲出，它是屈原的私家作品，不可能是文学侍从之臣为国家的招魂典礼写的招魂词。但是屈原和怀王的关系使他不能不去写这个作品，带有一种悲剧的情绪，采用通行的招魂辞的题目。与此相对照，《大招》用四言体，用中原的音韵，像个官样文字，而且没有写仪式，没有写仪式就可能在仪式上用。它把楚怀王的灵魂从头到尾都没有引进正殿后宫，而是直接引到离宫去看檐滴水、看孔雀跳舞，是"太上王"的待遇。由此可以推断，这个是文学侍从之臣为楚国的国家招魂典礼所写的招魂辞，所以它叫《大招》。"大"就是国家典礼的意思。这样解释，是细读文本所得到的，获得了它的政治密码。古人读了一千年，没有得出这个密码，这是直接面对艺术品的生命得出的，现在学术界实际上认可我这个结论。

（**赵**：您关于《天问》的解释，以及二《招》作者的解释非常精彩。）关于《天问》，我认为具有人类的思维史上的特殊价值。因为任何一个天才都可能由外在世界和内在世界所提供的无比的丰富性，来创造出一种新的美学的原则。屈原的天才就是他抓住了那种幻觉，创造了人类思维史和人类诗歌史上的第一次大规模的时空错乱的诗学形态。这就是他的天才，为什么以往的一些学者一定要把这个东西作错简呢，难道我们的祖先天才地抓住对幻觉的美学表现形式，就不能承认他的发明权么？只有按照新的审美形式来讲中国古代的诗人、作家，才能从他们的原创性上，赋予他们文化专利权，确立他们在人类的诗歌史和人类的文化史上应该占有的恰当地位。假如大讲浪漫主义、现实主义，这个是屈原创造的么？是杜甫创造的么？是你强加给他的，如果要发现出他创造了什么，就不是在贴标签中产生，而应当在直接的生命研究的过程中产生。中国学术要有大国的风度，要使我们的学术成为大国学术，就必须敢于承认自己一系列的文化专利权或审美原创性。没有原创性和专利权，大国风度的底气是不足的，是不踏实的。所以我们这代或几代的学者，都应该去寻找中国文学的、文化的大国风度，跟世界进行平等的对话，为人类的整体智慧作出我们应有的独特的贡献，应该产生这么一种文化姿态的学术。

现在我主要是做古典文学的图了。图也能够做成一个史么？图不是通俗读物的点缀么？但是我的《中国新文学图志》把原版报刊书籍上的图当作一种语言，当作中国文学史的一种原始材料，体验它用构图、线条、色彩、情调所构成的一种不用文字的特殊语言，它包含的信息量是非常之大的。如果用悟性去读它，就能够读出很多文化密码，很多美学的兴趣。用图来做文学史，对文学史的切入角度就很不一样。很多被尘封了的，被淡忘了的，或者被埋没了的智慧资源重新被激活。我搞古代的文学图志，不只是一种趣味，而且蕴含着深刻的学理。

衡量一个国家的文明程度，它的原创性很重要，同时它的共享程度也很重要。原创性的东西不仅为几个读书人知道，而且为整个社会知道，被整个社会所喜闻乐见和充分共享，这是非常本质、又非常具有平民性的文化命题。一个是原创性，一个是共享程度，二者应该比翼齐飞。如果把图志作为一种专家之学，不是看到一张插图就随意拿过来，而是作为一种专家的学问去对待，其文学史的价值自现。我已经做了六七年了，积累了两万种的图，比如苏东坡，现在掌握的明清以前的图可能有五百种，王维可能有一百多种。这个图画积累得多了，互相地比较，可以发现一部饶有趣味的文学接受史，看明人、清人、现代人在绘画中是怎么理解李白，怎么理解苏东坡的，他们关注的重点在什么地方，把他们心目中作家作品想象成什么样子。这里面，不仅是看到那些作家作品被他们画，更要关注他们为什么选择作品而又采取这样的画法，这对明清时代的世风民心也是一种有意味的进入。比如说《楚辞》的《山鬼》，开头画的是个男的，后来画的是个女的，有时候是个怪物，到了近代徐悲鸿就画成一个裸体的，骑在虎豹上用藤萝遮羞的肌肉丰满的美人。到了黄永玉，这裸体就发生了大变形，变得夸张而充满激情，这整个变异过程折射着种种人间体验和艺术思潮。这些接受者的姿态，里面就包含着非常丰富非常复杂的文化境遇。唐人非常崇尚画马，宋人呢，北宋还有人模仿唐人画马，到了南宋变成画牛，到了元代又画马了，这么一些变化反映了一种深刻的文化变迁，包括每个朝代的那种精神气质、气象，包括每个朝代的物质形态的变化，也包括中华民族的汉化胡化的历史过程，实际上里面蕴含着许多精神倾向和文化因素。这些图里面还记录了很多掌故，把我们拉进古人的文酒交游、林下隐逸或游猎骑射之中。对于文学史研究，这不是简单的插图，而是添加进来成为文学史整体的一个有机部分，作为一种意义的存在，作为一种生命的存在。如果是这样的话，文学史就会跟文明史、艺术史，形成一个相互解释的体系。我们就可以把文学史做得非常辉煌绚丽，非常有魅力。

（**赵**：听说您的《图志》在台湾地区很受欢迎，卖得很好。）是，卖得很好，在韩国和日本也是。韩国有位博士一次买了七套。日本还专门为这部书开过一个"中国文学研究年会"。萧乾先生称"这是一部旷世奇书"，柯灵先生到处打听如何购得此书。我现在搞古典文学，古典可能又跟现代有很多不同，包括我的叙事学。台湾地区来的学人说，他们的博士非常看好这个书。最近我在上海开会的时候，韩国有两个教授说，你的叙事学在我们年轻学者都认为是非常叫好的一部书。日本有两位教授夸奖我的现代小说史，我告诉他们，可以读一读我的叙事学,他们都惊呼,他们在研究院里把这部书当作必读书,大段大段地抄录引用。所以,研究实际上也是一种生命的存在,学术也是一种生命的存在,需要我们的生命和精神的投入。投入之后,让它形成一个生命的有机体。它是一个生命的存在,它是一种智慧的表达,它包括一种文化上丰富的古今资源,以及对这些古今资源的重新认识和重新组合,形成一个新的文化创造世界。所以学术要做出自己的境界来,是需要有呕心沥血的生命和智慧的投入的。

赵:杨老师,你原来从现代到古代,学界已经觉得很惊讶了,我们发现您现在又涉足少数民族文学,我们觉得您打通的范围很广。少数民族文学是否给你的研究提供了新的视点和新的意义?

杨:应该说我接触少数民族文学,开头是因为职业的要求,因为我既是文学所的所长,又是少数民族文学所的所长,那么我有责任去了解少数民族文学。我这个人是以学者的身份去接触一些问题的,如果光是去那里讲套话,那么当这个所长对他们的学术帮助不大。由于有备而来,我每一次讲话,他们少数民族文学研究所的人说:你真正地进入了角色。这个所长我做得很辛苦,除了行政工作之外,还要阅读大量的材料,因为你不能讲外行话啊,而且哪个学术领域的开拓都是从大量的原始材料开始的。少数民族文学的研究,对于我们整体的中华民族文学的研究是带有实际性和本质性的意义的。因为你讲中国文学史，讲几千年的文学史，少数民族文学你一句话不讲或语焉不详，只讲汉族文学史，这是不符合中国多民族的多元一体的文化结构和文学发展过程的，所以必须要把少数民族这部分考虑进来，让它进入主流写作，这是历史给我们提供的一个责任。这样写出来的文学史，才真正是一个完整的中国文学史。我们要超越写"半部文学史"，进入写全面的文学史。

一个很简单的例子，比如说，在公元11世纪宋朝的时候，欧阳修苏东坡那个时代，中原地区，或者说在宋朝的疆域里面，文人学士还在写小令慢词，几十个字一百多个字这么一种抒情的韵文作品，当然写得很精致，很耐人咀嚼。但是在现在的新疆喀什地区，喀什当时属于回鹘，就是新疆维吾尔族的祖先，在喀什和在东亚的七河流域，建立了一个王国，叫喀拉汗王国。有位叫优素甫·哈斯·哈吉甫的诗人用古代的维吾尔文字，就是回鹘文，写了一首一万三千行的长诗，叫《福乐智慧》。这首长诗，当然也受到中原文化的影响，但很重要的是受到波斯文化和印度文化的影响，它产生于东亚、中亚南亚文化的结合部，同时也受到希腊文化的影响，特别是希腊爱智主义文化的影响。长诗写了这么一个故事，有四个人物：一个国王、两个大臣，还有隐士，他们相互之间进行议政述学的对话，用带有戏剧性的对话体形式，写了一万三千行，涉及各种哲理，怎么样治理国家，怎么样对待人生的种种问题。这么一首一万三千行的长诗，我们的文学史竟然一句话都不提，这种文学史是完整的中国文学史么？

又如蒙古族有一部《蒙古秘史》，是成吉思汗家族里内传的一种史事家训，是用韵文和散文相结合写成的，既带有历史性又带有史诗性。用现代汉语翻译出来，有三十万字。这个是元朝时候写的。它从成吉思汗以前的二十二代祖先写起。而且他的第一代祖先，如果用汉文翻译出来的话，一个是灰狼，一个是白鹿。用狼和鹿来作为一种狩猎游牧民族的图腾，将狼的凶猛和鹿的仁慈构成民族的性格。我们过去的文学史，可能除了郑振铎先生的《插图本中国文学史》有过一两千字两三千字的介绍之外，其他的文学史是找不到这部书的影子的。那就更不用说口承的文学，比如说三大史诗，藏族的《格萨尔王传》，蒙古族的《江格尔》，还有柯尔克孜族的《玛纳斯》。这些史诗都是十几万行几十万行，《格萨尔王传》是六十万行以上，世界上最长的一部史诗。文学史应该把这些国宝级的巨构写进去，只有这样才能够还文学史本来应有的绚丽多姿的完整性。

文学史的许多问题如果不通过考察少数民族的文学，就无法理解中华民族的文学为什么发展成现在这个样子。因为中华民族一个很大的问题，在古代，主要是农业文明和游牧文明之间的碰撞融合。这个问题，就不说商周时期，从汉以后的匈奴以下的两千多年，后来又出现鲜卑、突厥，契丹，女真，蒙古，满洲，这些民族对整个中华民族的整体命运都产生了重大的影响，对整个中华文明的形态产生了很大的改造作用。如果竟然不去研究他们的文化，不去研究这些文化碰撞融合所带来的一系列问题，就说不清楚中华文明的历史进程，以及它的性格、命运的实际形态。比如说中华民族发展的一个问题就是胡人的介入和参与，这些北方民族导致了胡人文化的汉化问题，和汉人文化的胡化问题。汉人文化的胡化现象很严重，汉族并不是纯粹得不得了，比如说现在我们中原的音韵，连入声字都没有了，那不就是胡化了么？连你的语言都胡化了。唐以前的文字是有入声字的，现在入声字跑到南方去了，因为那时候北方少数民族一进来，汉族的知识分子很多都往南迁徙，所以南方的语言当中保存着入声字。这类问题不把少数民族、游牧民族的因素加进来，就说不清楚整个中华民族的历史变迁。应该看到少数民族在整个中华文明的建设中，起到了输入"边缘活力"的独特作用。中华民族的文化五千年没有中断，大家都引为自豪，觉得在世界上好像是独一份，古老文明历尽风波，五千年依然保留着那么强大的自我更新的力量，那么顽强的生命力。这个问题过去只是讲什么儒家伦理的超稳定结构，儒释道互补的平衡作用，但是往往忘记了一种存在，就是少数民族。我们的边疆文明，边缘的活力，就是从边缘地带给中原文化板块代复一代地注入野性的或异质的活力。因为当中原王朝的文化模式化或者僵化之后，怎么能打破僵化局面呢？边缘的文化给你输入新的因素，一种野性的强力，一种原始的生命，一种新鲜的血液。输进去之后，又产生了中华文明更新融合的文化因素的新一轮的激荡,新一轮的整合。

用汉族、少数民族两只眼睛而不是独眼龙的方式考察问题,这是文化理念上的重大变革,非常重要。比如说佛教,印度、西域佛教是怎么内传进来的?不是说那些外来的高僧直接把佛经递给皇帝老子,而是经过西域、北朝的少数民族为中介,搭起了多通道的桥梁,几经变迁和推进,成为中华文明一个很重要的成分。佛教内传,有海路南传、陆路北传,少数民族都起了重要的中介作用。始于汉代,但汉魏皆禁止汉人出家,如苻坚时著作郎奏议所说:"汉初传其道,唯听西域人得立寺都邑以奉其神,其汉人皆不得出家。魏承汉制,亦循前轨。"(《梁高僧传》卷九)到晋朝,士大夫里面真正信佛教的不多。在晋以前,主要是胡人信佛,士大夫里面也有少数人信,但未成气候。中国佛教的三大石窟:大同的云冈石窟,洛阳的龙门石窟,这些都是北魏鲜卑族政权拓跋氏,用国家的力量和民间的力量一起开凿出这么大规模的石窟,成为旷世奇迹,佛教庄严辉煌的象征。敦煌的莫高窟也是当地的少数民族和汉族一起建造出来的。通过这种直观的宗教与世俗相结合的形式,佛教逐渐地渗透到内地,渗透到士大夫层面,直至帝王贵族层面。如果佛教没有任何缓冲地带,直接跟儒学接触,可能会产生很大的排斥作用,被认为无父无君、不忠不孝的胡教。因为它经过少数民族这么一个不可或缺的调节,又经过南北朝时候的乱世,与逐渐盛行的老庄思想相呼应,加上有几个皇帝亲自提倡,才酿成轩然大波。

在这么一种政治社会和思想文化背景中，借助当时北方少数民族建立的国家政权，改朝换代迅速，人充满着生存的危机感，才使佛教逐渐渗透到中国社会的各个层面。

所以中原的文化在原来的结构上运行到一定程度，变得比较凝结板滞了，少数民族的文化就乘机而入，是文化结构重新出现多样化的拒斥和接纳的复杂景观，终至多样化共处融合，既互相碰撞，又互相吸收，在异质文化因素相互化合的过程当中，改变了、又拓展了原来的文化形态。你想想，周朝文化和汉朝文化存在着很大的不同，经过春秋战国的思想大突破之后，汉朝文化起码以楚文化汲取了秦文化，因为汉朝的王族是楚国人，后来又汲取齐地的黄老文化、鲁地的儒文化。到两晋南北朝以后隋唐的文化，北方的少数民族加进来，南方的少数民族的巫风志怪思维也加进来了。到宋元明清列朝，以汉族为主干，北方民族和南方民族在相互交流、拼搏、兴衰交替之中融合。所以先秦至汉，魏晋至隋唐，宋元至明清，文化中增添了很多因素，文明形态也出现巨大的变化。这些因素跟少数民族的存在，跟我们民族结构的多元性，以及从多元趋于一体这么一个历史演化过程，都是有着很深刻的关系的。如果不研究少数民族的文明，不研究边疆的文明，就说不清楚整个中华文明发展到现在这个样子的缘由和过程。中原文化的凝聚力和边缘文化的活力相互作用，使整个中华文明长期处在动态进程之中承续和发展。

过去很早的时候对中华文明的理解，按照儒家正统思想的理解，只不过侧重理解了黄河文明而已。20世纪考古挖掘，长江文明出现了大量的文化遗存，江浙地带的良渚文化，河姆渡文化，荆州的楚文明，长沙的马王堆文化，四川的三星堆文化的陆续出现，给人的精神震撼性的惊喜，使得对整个中华民族文明形态、文学形式的理解都大大地扩容和加深了。其实中华文明的起源是多元的，满天星辰的，黄河流域，长江流域，直至岭南、陇西、关外等等，都有丰富的文化遗存。甚至发现最早的古人类化石是云南的元谋人，已有一百五十万年以上。那么为什么后来有些区域逐渐消逝沉没，而黄河文明却能够出现强势的延续呢？因为黄河文明区域的部落众多，挤在一起比较密集，密集就互相竞存碰撞，在不打不成交中出现"滚雪球"效应，越是打斗、交流，越变得你中有我、我中有你。所以夏和商打，商和周打，东周的十二诸侯和七雄相互竞争，又兼并周边的许多部落，整个文化愈来愈热闹。而其他的边远地方稀稀疏疏地住着一小群人，洪水一类天灾人祸来了，就容易折断。西方人认为，战争是推动历史进程的动力，因为互相竞争可以刺激发愤图强。就像养鳗鱼一样，池子里只有鳗鱼，鳗鱼都半死不活，在鳗鱼群中放进一条乌鱼，互相追逐撕咬起来，就条条精神紧张，生蹦活跳。黄河流域是中华民族许多原始的部落聚居之地，那时气候温和，水土肥美，于是就在山西南部、陕西中东部、河南和山东西部这块地方，部落互相之间接触交往频繁，竞争征伐也频繁,在大小强弱的比拼、兼并、结盟中出现一些超大型的部族或部落联盟,先后形成夏、商、周这些大型的部族集团。长江流域的河姆渡文明可能起源很早,但与其他部落相互隔离得太远,因而一场洪水到来,就湮没无闻了,到现在我们搞水利建设才发现它,使之重见天日。但楚文明的发展势头就比较强劲,《楚辞》成了楚人多才的历史见证,今半个多世纪,又出土了大量楚文物,加深了人们对楚史、楚文明的理解,加深了对《楚辞》的理解。有了楚地出土的大批战国文物,诡奇绚丽,匪夷所思,就可以跳出儒家经学的眼光看《楚辞》,就会发现《楚辞》许多迥异于中原的新异思维方式和新异审美趣味。有了长江文明的加盟,我们对中华文明起源和发展形态的理解,就展开了海阔天空的文化想象空间。

如果在更大的范围之内把其他的边疆文明加进来,我们对中华文明的多样性和生命力的理解又有很大的变化,很大的丰富、拓展和深化。比如说《格萨尔王传》,属于"江河源文明"——长江、黄河的源头上产生的一种文明形式。它是高山文明,保持着高山文明的原始性、神秘性和阳刚的气质,崇高的审美境界,很原始的信仰都蕴含其中。江河源它又在丝绸之路的一侧,离丝绸之路不太远,离河西走廊不太远,它是东亚文明和中亚文明、印度文明,甚至蒙、藏文明的一个结合部,所以就渗透着多种文明的因素在里面。这样对"格萨尔"的研究,可能就会发现其中许多文明要素,比如对原始苯教的信仰,藏传佛教的信仰，对中原的忠孝节义的借鉴，还有高原的游牧民族的一些生活习俗，种种的文化因素交织于其间。它通过口头传承的方式，形成一种活形态的叙事，不断地把不同历史时期的文化成分补充进来，使它变成一个超大型的史诗，非常绚丽，也非常辉煌。过去人们总说中国是个"史诗的贫国"，为了和西方文学史从史诗写起找对应物，就在《诗经》里找了五首有关周朝建国史的诗篇，作为史诗性的作品。这五首诗加起来三三八行，而《荷马史诗》一两万行，这三三八行如何与之媲美？但是如果把"格萨尔"这些史诗考虑进去，一部"格萨尔"就六十万行，中华民族就不是史诗的贫国，而是超级的史诗的富国了。除了"格萨尔"、《江格尔》《玛纳斯》这三大史诗之外，在南北各个少数民族地区还有二百多种中小型的史诗或叙事诗，依然在口耳相传。在汉族的中原地区，神话很早就被历史化，或者在理性化中流失了，理性化对史诗的智慧产生过滤和抑制的作用。但是在边远的地区，这种智慧还是在不断地产生。

为什么魏晋南北朝的时候，志怪小说竟然大量涌现出来？当然跟宗教有关，佛教内传和道教滋生之后的结果，也跟乱世有关。其中一个很重要的问题是，大量的知识分子在北方的少数民族、游牧民族入主中原后，纷纷迁移到南方，永嘉衣冠南渡。南方是什么地方？南方就是原来的楚国、吴国、越国及其以南的地方，巫风很盛，原始信仰流行。那种高知识、高文化修养的人士到了充满着巫风和原始信仰的地方，出于好奇心，记录怪异，掀起了志怪的潮流。如果没有他们记录，这些具有文化人类学价值的口头传说就可能消逝了。南方少数民族出来的士人，一般不会炫耀怪异，免得被人看成不开化。但北方南迁的士人没有这重心理障碍，他们与南方少数民族的巫风相遇，就激起了搜奇探幽的兴致，使之记录在案了。这二者的遇合，一方面有比较高的书写能力，另一方面有比较充沛的原始信仰和原始想象，两相乘除，相得益彰，志怪小说就繁荣起来了。

如果不从中华民族发展的过程中，而只是从书本上闭门冥想，许多问题都是很隔膜的。加进民族文化的比较思维和综合思维，一潭水就搅活了。比如说关于人降生的神奇想象和信仰，"异生神话"——奇异的生育神话，就有不少值得比较和综观之处。柯尔克孜族的祖先就是乌孙，柯尔克孜族的《玛纳斯》中记载玛纳斯诞生时，一手握着血，一手握着油。血象征着战争，油象征着财富。到了《蒙古秘史》中，成吉思汗生下来的时候，手里握着一块像石头一样的血，象征着战神的降生。其实《元史》的《太祖本纪》，也是记载着他手握"凝血如赤石"。到了汉满文化，《红楼梦》中贾宝玉出生时口含着玉石，既有顽冥的石头性质，又有灵秀的玉的性质。说是"无才补天"，又跟女娲补天的神话联系在一起。这种汉化的轨迹，就是在蛮荒的原始想象中，注入了精妙高雅，多了一点哲学味道的文化浓度。

汉化和胡化，往往是一个双方对流的过程，比如说元朝的诗，过去都是按唐宋诗的标准去看元诗，思考它们宗唐、宗宋的问题，就把元诗蕴含的历史价值和审美价值看偏了。因为元诗的一个很大的问题，是汉族诗歌的胡化和胡人诗歌的汉化。比如说边塞诗，高适岑参在唐朝写的边塞诗，把边塞写得非常寒冷，非常遥远，战争莫测，有去无回，思念家乡，如以身许国或殉国，格调悲壮而苍凉，充满对边塞异域又奇异又恐惧的心理。到了元朝的蒙古色目子弟写边塞，写天山，写阳关、河湟地区，那是他们的祖宗之地。他们写起来不是苍凉悲壮，而是带上田园风光。他们觉得那里田垄上可以种羊（棉花），那里遍地是宝，拣上一块青石子，到中原来就变成异石美玉，可以拿来买丝织品。唐人的边塞诗，在元朝蒙古色目子弟手中，带上田园风味，而使边塞诗类型胡化了。又比如说《莺莺传》，原是唐代元稹写的自传性的传奇，结局是"始乱终弃"。这种残破的结局，在宋人的词曲中同情有之，改变则无。但到了金朝的董解元作《董西厢》，即《西厢记诸宫调》，就变成团圆的结局了。为什么会发生这样的变化？这与胡人伦理观念的介入大有关系。据《大金国志》的记载，金朝的贫家女子求偶，要去街头唱歌，推销自己的美貌和女红，然后男方把她领回家里，过了一段时间觉得合适了，再去下聘书。金人统治下的这种风俗，是试婚制度的遗风。这种风俗下的婚姻和性的问题，出现了与汉人婚俗不同的很大的伦理空间，"始乱"即婚前性生活就不再成为问题了。元朝也有类似情形，所以王实甫的《西厢记》并不指责张生、莺莺的行为，反而让红娘嘲讽老夫人的出尔反尔。元朝游牧民族当然也讲贞操，但成吉思汗的母亲是他父亲从别的部落抢过来的，那个部落就抢走成吉思汗的妻子作为报复。成吉思汗把那个部落消灭了又夺回妻子时，妻子已怀孕，后来生了他的长子拙赤。成吉思汗要去远征，妻子提醒他考虑立嗣传位的问题，老二就说拙赤不能继位，他是杂种，两个人就打起来，后来传给老三阔窝台。但是成吉思汗还是承认拙赤是长子，而且老大老二说要辅助老三，成吉思汗说天下大得很，你们不必都挤到一块，应到中亚俄罗斯那块儿去打天下，于是拙赤成了钦察汗国的大汗。这种情况也弱化了汉人家族的伦理贞操观对青年男女的钳制，"始乱"的伦理压力得到缓解，在少数民族提供的伦理空间中，《西厢记》让崔、张名正言顺地团圆了。

从经典文本的变异中，可以看到少数民族改造了中原社会的伦理价值观和审美趣味，使汉族文化在一种半情愿、半被迫无奈的情形下向边疆民族文化开放，在相互碰撞对话中更新自己、发展自己，长期保持着文明发展的内在生命力。紧张感使人不易消沉，汉族与少数民族的生存竞争使相互间保持了紧张感，因为旁边躺着一只老虎，就要考虑如何在对抗中不断增强自己。汉族文化有一种吸引力、凝聚力，少数民族即便在军事上占据优势，在文化上也会对汉族诗书文章、礼仪文明怀着敬佩之情，受到熏陶和感召，这也形成一种"道是无情却有情"的历史文化过程。我当少数民族文学所的所长，开始接触和研究少数民族文学文化，面铺得太开了，没有更多时间去读更多的材料,所以许多地方心里的底数还不是那么充足。但是这番接触和研究,对开拓我的整个学术视野,对加深中华文明和中国文学总体结构的理解,都打开了一个新的境界、新的天地。只有这样理解的中华文明,才是真正的充满波澜、充满悲欢、充满生命的真实的文明。

(**赵**:对少数民族文学平常我们知道的很少,这要在国外讲,我觉得他们一定很有兴趣。)对呀,他们有时候说中国史诗的问题,我说中国是史诗的富国,《格萨尔王传》,世界五大史诗加起来都没有一部"格萨尔"长。而且还是活形态的史诗,艺人沉醉在说唱境界中的情形,会使你痴迷不已。今年在青海西宁召开了纪念"格萨尔"千年的国际学术研讨会,联合国教科文组织驻北京的文化总干事就对"神授艺人"的痴迷说唱,充满浓厚的兴趣。

赵:杨老师读书之多,真让人感叹。下面一个问题是,您原来是现代文学的大家,现在又涉猎了古代,少数民族文学,推而广之,您现在重新审视中国现代文学的研究,会有一些什么样的新的发现?对我们目前的现代文学研究有没有什么新的建议?这是我们做现代文学研究的人比较关心的事情。

杨:实际上我这十几年对现代文学研究的关注不是那么专门,研究的境界打开了,但是怎么样回来关注现代文学?如果要再来关注现代文学的话,我会考虑到中华民族文化的古今贯通、多民族多区域文化共构的整体性,以及它在现代化进程中和面对全球化背景的与时俱进的文化姿态和文化战略。现代文学它的价值也在于把这么一个大的文明加以承传和现代性改造，同时在吸收西方的现代智慧中激活自己的创造性潜力。这种潜力，也就与其现代化改造存在着如此丰富的古代资源相关。但是艰难也在于这个地方。它是一个很庞大的结构，所以现代文学的学者去搞古典文学，更多的是去思考古代文学的当代价值，那么要反过来，要讲现当代文学，也会考虑这种文学对于民族整体文学来说它的位置在哪儿，潜力在哪儿。而且思考它要建立一种无愧于五千年的伟大民族传统的文学大国风度，还应该做些什么，怎样做才能做好，才能独立于世界民族之林而自具风华。因为你打通了古今，这不是简单的一加一，它是需要互相对话，互相给力的。你说现代小说已经发展得如何好了，却还没出过《红楼梦》呢，《红楼梦》就是几千年文明在叙事文学中的一个结晶。我们接受了西方的一些启迪和影响之后，立足点还是怎么样来重建我们的大国文明。这个文明在传统里能接受哪些东西，而在西方又能吸收哪些东西？可能会更多地考虑文明和文化间的一些问题，考虑到文明和文学的整体性问题，精神谱系学的问题。至今还有人说某些现代诗，某些模仿外国的翻译诗写出来的诗，所谓知识分子写作也好，民间写作也好，好像就比过去怎么了不起。要是有这么一个古今相贯、中外互参的知识结构的话，就会觉得远不是把身边的土堆看成高峰这么简单的一回事。我们搞了一百年新诗，旧体诗却依然繁盛，作为文化现象，就必须探究出路在哪里。有了这种因焦虑而生的探寻，即便有人讲新诗好得前无古人后无来者，也不那么容易令人信服，就多出了一些怀疑的维度。我更为关注的则是怎么样才能促使这个文明和它的文学具有一种现代大国的气象，现代大国的风度，包括我们的学术如何才能成为现代大国的学术。对这些问题的焦虑和思考是必要的，但是关键还在于到底怎么做，这个实践的过程也不只是思考就能够弄明白的。

（**赵**：做现代文学和做古典文学研究的，我觉得以前都是有封闭性的。比如因为现代文学是建立在所谓反传统之上的，因而研究现代文学的喜欢强调反传统性。）在一些现代文学研究看来，反得越激烈，价值越高。现代文学的价值观是先进落后，革新保守，进化论的观点，而古典文学可能是讲高低、精粗、雅俗、尊卑这些维度，它比较重视文化层面和经典性，所以存在着经典性和先锋性的对话。古典文学更重经典性，现代文学更重先锋性。

（**赵**：研究现代文学的不太懂古典，研究古典文学的学者也认为现当代不是学问。）一个民族要有这么一种文化张力：经典性和先锋性互为参照、互为依托，既尊重了古典性，又追求先锋性，大雅大俗，形成良性的文化张力。如果只有经典性，文化就可能凝固板结；只有先锋性，文化就可能浮泛失根。因此经典性和先锋性的结合，可能会使我们在推移中，既给先锋性以一个品位,以一个精神的家园,以一个文化的依托,同时又给经典性一种前进的动力,一种前瞻的眼光。如果能够真正把传统的经典智慧和当代的先锋智慧,化成一个新的有机体,我觉得这对于整个人类文明都是一个很大的启示,很大的典范。

(赵:我想对于一些具体的问题可能您都会有不同的看法,比如说五四全面反传统。你看周作人的《人的文学》,他就对很多优秀的中国古代小说有非议……)这个问题要从两个方面来谈,一个是历史性,一个是学理性。历史性是因为在那个时代、那一代人,在传统的包围中要突围出来,走出来呼吸现代性的新鲜空气,这个时候他是义无反顾,轻装上阵,把一些破铜烂铁统统都摔了。到走出重围之后,再回过头来,可能发现被抛弃的东西里还有商彝周鼎、秦砖汉瓦,价值连城,不完全是破铜烂铁,需要从学理性上重新检讨、衡定它们的价值与历史地位。连周作人对《西游记》《聊斋志异》等作品,态度都有调整。走出重围之后,面对现代文明建设,必然要启动世界眼光和历史理性,重新审视和发现传统典籍的价值。如果还陷于包围中,一群人在古城里面讨生活,还按照古代的生活方式生活,古城对他们来说是没有真正的文物价值和创造价值的。但是一旦走出包围后,再回过头看,古城就有了文物价值,成了我们的精神家园,创造新文化的对话对象和历史资源。所以五四这代人做了他那代人应该做的事——走出去。我们这代人应该继承五四那代人的启蒙精神、开放眼光,革新旧物,创立新文化的勇敢姿态，不应该让这种巨人式的精神气质凋萎；但是同时又要进行调整，接上传统文化的血脉，扎牢创造的文化根基。文化是一种动态的过程，不能永远把一种策略当作万应灵丹。当你为古老的传统沉积下来的污浊之物所包围着的时候，当务之急是走出去，打出重围，另开天地；当你走出去，身处苍茫旷野，就要以传统智慧作为修养，作为丰厚的资源来加以开发和转化。身处的历史文化语境不一样，采取的文化战略、文化态度、文化姿态、文化哲学就不能一成不变、依然故我，而应该把文化及文化策略当成一个动态的与时俱进的过程。

从文化的历史这个角度来看，五四有它的合理性，而且是一种划时代的合理性。但是划时代的合理性，也就合理在它所划出的这个时代，在这个时间限定性上，它是伟大的。但伟大如果不能与时俱进，就可能走向反面。时过百年，世界上没有一个国家对自己祖宗的遗产进行百年大讨伐的，日本没有这样做，美国二百年的历史还要把它的传统文化怎样发扬光大，从而创造自己的扬基精神、清教徒精神，自认为跟上帝最接近。美国在19世纪上半叶刚刚开始搞文艺复兴运动的时候，就宣布要向英国文学争独立，独立出来之后，跟你平等了，再来平等对话。你还没独立，还窝在原处，只能说美国文学是英国文学的一部分。爱默生的杰出地方在于，他是学英国浪漫派文学的，受济慈、华兹华斯的影响很深，但是他在美国哈佛大学一讲演，就宣布美国文学应该从英国文学独立出来。先独立然后再平等对话，如果没有这一步，那美国文学、美国文化就不是现在这个样子。

所以我们没有五四这步，我们的文化也不是现在这个样子，可能还有很多遗老遗少气味。有那一步然后走到与当代世界息息相通的地方，又要重新反省重新思考我们现在要做什么。并不是说五四条条是真理，我们不苛求先驱者，同时也不要认为先驱一语就可以包打天下，几代人好像在文化问题上就可以无所作为了。五四先驱者在突围时，带着一种很焦急的心理，国家命运这么沉重，奋起之日带有一种偏激的情绪，这完全是可以理解的。但是到了和平建设时期，还要像李逵那样到处挥板斧，大概有点不合时宜了。所以，这些问题需要摆到历史大视野和世界大视野之中，进行富有历史理性的思考和衡量。我们现在也没必要说：五四一钱不值。他们那代人，就应该那样大刀阔斧地做开辟的事业。他们做了一件很伟大的事情，扛住一个黑暗的闸门，把新的一代解放出来了。但是我们这代人现在已经在旷野上，旧的闸门已经距离相当远了。新的闸门是另外一种闸门，不是五四那种闸门了。把什么坏事情都记在古人、前人的账上，只能说明现代人无能。每一代人有每一代人的价值，有他们应做，别人难以代替的事业。我们个人都要讲个体的价值，一代人能不讲一代人的价值？这个不是很不符合逻辑么？五四那代人的价值，那代人做了那代人的事情，现在的人就应该做现代人的事情，所以我在好几年前提出来：继承五四，走出五四。

赵：杨老师，现在顺理成章是最后一个问题，您现在已经广泛涉及现代文学和古典文学的各个领域，各种不同的文类，叙事学，诗学，跟以前相比已经包含一种新的大的文学史观，您有没有重修中国文学史这样一个计划？

杨：我已经用了六七年的时间搜集整理古典文学相关的材料了，包罗甚广，包括古代文献、古籍插图、出土文物、博物馆收藏，还有地方的遗址和文献，以及流散在国外的博物馆的图书材料，已经积累了很大规模。积累得多了，就形成规模效应。比如说明清以前的关于苏东坡的书画就有500种，关于王维的书画就有100多种，它们之间的渊源变化，它们反映的后人对前代作家的接受的历史，它们反映的各个朝代的士人风习，就可以做一番比较、分类和剖析研究了。这种研究的基本特征，就是把文学史、艺术史、文明史相互沟通。这样的文学史就不再是一个封闭的系统，而是文史掩映，图文互释，用文字、图画、文物、实景照片等多种语言方式，来激活阅读过程中的情感、理智、感觉和悟性。西方世界讲它们的文明史，总离不开绚丽多彩的古希腊雕塑和文艺复兴的绘画，我们中国人为什么在叙述自己灿烂辉煌的文学史的时候，总舍不得把眼光超出方块字以外呢？文献功夫是不可怠慢的，不仅如此，还应该在古代文献中读出新的意义、新的思路、新的趣味、新的生命，这是不容置疑的。但是这么大的一个国家，总应该有一两个、三五个学者采取新的形式、新的方法，比如借助一种已成专家之学的文学与图画互动的图志方式，从文明史的角度考察文学的意义和历史进程，使以审美为对象的研究闪射出审美的魅力。我不是说过吗——衡量一个文明发展水平，一要强调它的创新能力，二要注意它的共享程度。如果能够以一种文史掩映、图文互释的现代方式，把文学史的历史奥秘和现代意义阐发得别具精神、别有滋味，以原创性学理带动共享性的魅力，这不也是我们梦寐以求的学术境界吗？

2015年1月重新校理

（孙伊录音整理　胡博校审）

"小泉居"读书杂谈

澳门大学在氹仔山头的时候，学生食堂有名为"小泉居"者。我有两年时间孤身一人在大学任教，常与研究生、博士后们同桌吃十八元一份的午餐，或者晚上自选青菜、肉丸打边炉，热气腾腾，兴致勃勃，也就经常谈到读书的一些心得。随意而谈，上下古今，浑无边际，常常因为钓出了生命溶解在经典文本中的秘密而开怀大笑，被中文系同仁戏称为"澳大餐桌一景"。兹以谈得较多的问题，厘为数题。谁料如此处理，失却餐桌趣味矣。一笑。

一 建造中国心灵

研究人文学术有何作用？这是当今学人不时泛上心头的一种悲哀。当商品经济大潮汹涌而至之秋，人们的物质欲望获得愈来愈充分的满足和愈来愈强烈的刺激，相当一些人心中的信仰，就只剩一个财神爷了。那送来金子的财神爷是一头的黄毛，送来银子的财神爷是一头的白毛，这些人心中就塞满这样的黄毛、白毛。这种风气如果不能得到制度的规范和社会的引导，甚至当官的满口"公仆"，满脑子"财路"，就毒化社会风气，必然导致精神的倾斜，或人文精神的衰落和破产。人作为万物之灵，总是要有点精神追求的，不然人就混同于禽兽动物。孟子说："人之所以异于禽兽者几希，庶民去之，君子存之。舜明于庶物，察于人伦，由仁义行，非行仁义也。"（《孟子·离娄下》）离开道德价值和伦理规范的约束，人就会重回野兽界。

　　记得有一次参加文学学科正高级职称评审会议出来，一位委员发问：人文科学有何用？我说：正因为颇有人觉得人文科学无用，社会才或许有病。这种病，使人退化为野兽。人如果重回野兽界，是会变成猪八戒的。鲁迅曾在日文刊物上发表过一篇《关于猪八戒》的谈话，他这样谈论猪八戒的原型："某个懒惰的男子，在某处住宿时，有一个美女来访，这个女子这一夜就在男子处过宿，两人夜里谈了种种的话，第二天这个女子回去时，男子又相约再会的机会，并把刻有铃记的印章给了她。男子在女子回去以后，感到非常寂寞，为了排遣这寂寞，就出去散步，当他在乡间的小路上走着时，发现某家饲养的猪的腿上，系着一个刻有铃记的印章。"这个故事脱胎于晋朝干宝《搜神记》的"猪臂金铃"故事："晋有一士人，姓王，家在吴郡。还至曲阿，日暮，引船上当大埭。见埭上有一女子，年十七八，便呼之留宿。至晓,解金铃系其臂。使人随至家,都无女人,因逼猪栏中,见母猪臂有金铃。"鲁迅由此判断:"《西游记》中的猪八戒,并不是作者新创作出的人物,而是沿用此前已有的人物。"(戈宝权译《关于猪八戒——周树人氏谈》)如今某些时髦女郎,对《西游记》的取经四众,最喜欢谁呢?唐僧不懂风情,孙悟空太过闹人,沙僧有些窝囊,最喜欢猪八戒欲望丰富。所以变成三奶四奶,把我们一些干部变成猪八戒,贪赃枉法,给她们的小蹄子系上硕大的金铃。岂不哀哉!

人文是吹绿山川的春风,吹醒人心,催发百花。人文学科要探讨和解释的主要不是一般的物质实利的问题,而是要探讨和解释人生价值、道德形态和精神境界,也就是人如何做一个"文化"人的问题。它虽然超脱于获取实利,但它左右着人的品质、素质,以及获取实利的方向、方式,是一个事关人心,事关灵魂的根本性事业。人文学者应该自信,健全的社会是不能离开人心的建设的。疏离一时,也不能疏离长久。《南齐书》卷三十七史臣曰:"千金可失,贵在人心。夫谨而信,泛爱众,其为利也博矣。"一千多年前的一位史臣,岂会比我们的人文决策者高明?在"一切向钱看"的迷雾中,人文学术会提醒什么是不义之财,把那些坑蒙拐骗、假冒伪劣的商业行为视为"反文化"的行为;在一个人有点钱的温饱状态中,它也会指点你如何建设一种艺术的人生,如何修养高雅的趣味和提高生存的境界,自然也就把贪婪饕餮、赌博嫖娼之类视为污浊之地了。这比起那种扫一扫大街就当成"精神文明建设",具有更为内在和实质性的文化内涵。提倡人文,应该把握核心,重视本质,不应停留在标语口号的表面花哨的文章上。

因此看似与温饱无关的人文科学,实际上关系到人的灵魂建设,关系到商品大潮是否可以排除诸多"反文化"的干扰和侵蚀,关系到一个民族的精神文化素质和社会文明状态的关键环节。一个有理智的社会是不能对此掉以轻心,而应该实施积极的社会导向,引导民众立德向善,崇智求美,讲究诗意栖居。那种任凭人文精神衰落的行为,并非对社会健康发展负责任的行为。中国有特色的社会主义市场经济的健全发展,应该在高速度地提供丰富的商品满足人民的物质需要的同时,使富裕起来的人民在精神上同样富有,具有高尚的道德、美好的情操和充满生趣的审美世界。社会应该认识自己的这种责任,恪尽职守,与民同乐而共美。对于整个社会体系的发展而言,人文学已经不仅仅是一个学术科目,而是与人间文明状态紧密相关的精神探索和心灵建造。

这令人想起两千五百多年前,六十三岁的孔子周游列国一行,曾经绝粮于陈蔡,遇到了生存的极大危机。此事只见于《论语·先进篇》,孔子曰:"从我于陈、蔡者,皆不及门也。"以下并无更多的发挥,以致人们将下文的对弟子称字的"四科十哲"的名单——"德行:颜渊,闵子骞,冉伯牛,仲弓。言语:宰我,子贡。政事:冉有,季路。文学:子游,子夏"——误认为是孔子之言。《论语·卫灵公篇》有一则记载比较明确:"在陈绝粮,从者病,莫能兴。子路愠见曰:'君子亦有穷乎?'子曰:'君子固穷,小人穷斯滥矣。'"这是批评子路遇到困难时的精神困惑。孔子在困厄中弦歌不辍,鼓励弟子"岁寒,然后知松柏之后凋也"。即所谓"霜后始知松柏操,事难方见丈夫心",同心协力,共度时艰。《史记·孔子世家》的记载就更详细:"孔子迁于蔡之岁,吴伐陈,楚救陈,军于城父。闻孔子在陈、蔡之间,使人聘孔子。孔子将往拜礼,陈、蔡之大夫谋曰:'孔子贤者,所刺讥,皆中诸侯之疾。孔子用于楚,则陈、蔡用事大夫危矣。'乃相与发徒役,围孔子于野,不得行,绝粮。孔子讲诵弦歌不衰,于是使子贡至楚,楚昭王兴师迎孔子。"孔子在人生中最紧要关头,依然从容淡定,弦歌不绝,显示了强大的精神气场,这就是"天之未丧斯文"。

《孔子家语·困誓》对这次厄难的记载就更加具体:"孔子遭厄于陈蔡之间,绝粮七日,弟子馁病,孔子弦歌。子路入见曰:'夫子之歌,礼乎?'孔子弗应,曲终而曰:'由来,吾语汝:吾子好乐,为无骄也;小人好乐,为无慑也。其谁之子,不我知而从我者乎!'子路说,援戚而舞,三终而出。明日免于厄,子贡执辔曰:'二三子从夫子而遭此难也,其弗忘矣。'孔子曰:'善恶何也?夫陈蔡之间,丘之幸也,二三子从丘者皆幸也。吾闻之,君上不困不成王,烈士不困行不彰。庸知其非激愤厉志之始,于是乎在。'"这类记载,在战国秦汉的文献中反复出现，相互比较，可以发现它们对《庄子·让王》《吕氏春秋·孝行览·慎人》记载子路、子贡发生动摇，作了删节，只强调他们克服动摇后的积极行为。要明白，这些大弟子的动摇，是危及孔门的根基的。因此孔子把子路、子贡招来，进行批评与疏导，并且宣示："君子通于道之谓通，穷于道之谓穷。今丘抱仁义之道以遭乱世之患，其何穷之为？故内省而不穷于道，临难而不失其德。天寒既至，霜雪既降，吾是以知松柏之茂也。陈、蔡之隘，于丘其幸乎？"孔子说"吾是以知松柏之茂也"，是引《诗经·小雅·天保》的诗句为证，这是春秋儒门的说理惯例。由此可知《论语·子罕篇》："子曰：岁寒然后知松柏之后凋也。"乃是孔子厄于陈蔡时，激励弟子气节意志之言，只不过弟子编纂《论语》时删去了背景，并对孔子之言作了简化和润色。因此《子罕篇》的这则"子曰"，是孔子周游列国，厄于陈蔡的艰危关头"知弟子有愠心"之时说的。若要系年，则应系于鲁哀公六年（公元前489年）孔子六十三岁之时。古陈国所在的河南淮阳县城外西南隅，还有厄台即厄庙，是纪念孔子厄于陈蔡的，因孔子弦歌不绝，又名弦歌台，正门石柱上镌刻着"堂上弦歌七日不能容大道，庭前俎豆千秋犹自仰高山"的对联，《厄台碑》中，把孔子厄于陈蔡与"天地厄于晦月，日月厄于薄蚀，帝舜厄于历山，大禹厄于洪水，成汤厄于夏台，文王厄于羑里"相提并论。可见，孔子说出"岁寒然后知松柏之后凋也"，是孔门应对厄难，中国文化精神绝处逢生的历史关头。如今面临人文精神的危机，是应该重温孔子所言"岁寒然后知松柏之后凋也"的胆识和气质的。

不妨把视野拓展到全球，这就会发现，西方文明史的教训值得记取。西方社会商品经济的极端膨胀，异化了人的精神，有识之士拯救人的精神的呼声就不绝于耳，这无疑应该引起我们的高度警觉，以便不落充耳不闻之疚，预为未雨绸缪之思。19世纪的英国，是机械工业和商业竞争的第一强国，世界陆地总面积的四分之一都收入囊中，维多利亚时代的大英帝国步入了鼎盛时期。然而当科学技术的长足发展，瓦解了宗教世界的存在根基之时，敏感的人们惊呼"上帝死了！"，惊呼人文精神出现危机。当时牛津大学的一位文学教授挺身而出，在就职演说中大声疾呼："英国病了……英国文学必须拯救它。教会已经没落了——就我所了解——社会上的救济对策缓不济急，英国文学此刻负有三重任务，我想，它依然要给我们娱乐和教育，可是同时最重要的是拯救我们的灵魂和医治我们的国家。"（参见Terry Eagleton《文学理论导读》第一章）在一批人文学者和优秀作家的努力下，英国建立了以乔叟、莎士比亚、弥尔顿等杰出作家为代表的民族人文精神家园。他们对民族人文精神之重视，以致把英国文学列入文官考试项目。在他们看来，一个社会如果不再珍视文学，简直是致命地自绝于创造和维持文明精华的驱动力。值得注意的是，英国维多利亚时代重视人文精神家园的这种社会发展战略思想，在20世纪的西方商品经济大潮中,不断地受到冲击和解构,以致人文思潮有若时装表演一样追慕时髦,丰富多彩,却往往时过境迁,对精神的刺激性大于对精神家园的建设性。西方影视文学流行着艳情和凶杀,探索文学散发着危机感、怪异感和苍凉感,质之高明,是否盖源于此?

毫无疑问,创造现代中国的人文精神家园,需要有一种"天行健,君子以自强不息"的精神,有一种坦坦荡荡的开放心态和世界视境,一种充分吸收世界人类智慧的博大胸怀。但是我们在吸取当代世界人文智慧中,面临着"两难处境":既要毫不介怀地充分吸收,又要避免"时间谬认"和"情景谬认",避免生搬硬套而挫折自身的人文血脉。这两难处境并非坏事,反而可以化两难为深刻,超两难而创造,如此两难就成了一个开放的民族吸收外来智慧时,理性精神开始成熟的一种境界。我常说,中西文化是两个不同心的圆,19、20世纪以来,两圆交叉重叠的部分愈来愈大了而且存在着进一步扩大的猛烈势头,但是至今没有改变两圆不同心的形态。充分利用两个文化圆有所重叠而不同心之间的张力,对峙互补、互借互推,取长补短,融合创新,是可以促进相互竞争和共同发展的。两个圆心对话互动,抽引出拔地而起的创造性抛物线。当然尚须警惕,由于显态的或隐态的"西方中心主义"作怪,以及中华民族处于挣脱灾难和贫弱而追求发展的求索状态,这种文化圆的张力的开发,是不对等的,不充分的。随着我国经济实力在改革开放环境中的持续高速发展,中华文化(包括它的人文精神文化)的主体意识将进一步觉醒、增强和展示,在"中国心灵"建造工程中重新设计大文化战略,既有主体性又有开放性的综合思维方式将有可能成为优势的思维方式,推动人文创新的"软实力"。

心灵不仅是名词,也是有生命感的存在,古谚有云:福到心灵,祸来神昧。《西游记》有"灵台方寸山,斜月三星洞",这个洞中有一十二字分派,乃广、大、智、慧、真、如、性、海、颖、悟、圆、觉十二字。那猴子由此得了"孙悟空"的法名,如此五花八门,都归结于心。心灵如此了得,这里有一点是我们足以自信的,中华民族五千年的文明史,尤其是它不仅是原创和独特的,而且在相当长的时期是居于世界第一流的和绵延不断的,为中国人文精神家园或"中国心灵"的主体性建设提供了无比丰厚的源泉。从先秦诸子到儒佛道经典,从源远流长的史和诗的传统,到近古以来蔚为大观的"奇书",以及武艺食经、书画医术和民情风俗,林林总总,其间所包含的古老、卓绝、神奇,甚至神秘的智慧,都应该得到充分的、深入的现代性的解读、阐释、转化和弘扬。为此,我们应该深刻反思,对于博大精粹的人文遗产,我们已经做了什么,还准备进一步做什么。充分重视这份人文精神的背景和潜力,点醒沉睡的元神,改造遗风流韵,化腐朽为神奇,是我们的责任所在,是有可能涵养我们的现代人文精神的底气和魄力的。

应当意识到,在世界古老文明的智慧中,古希腊罗马智慧经过西方人文学者自文艺复兴以来数百年的努力,是已经进行深度的现代化开掘的,而在复杂深奥程度上比起任何一种文化都有过之而无不及的古中国智慧,则存在着许多未经开发的处女地,存在着许多未经现代性转化的朦胧混沌。当我们的人文学者分润着源于古希腊罗马的西方现代思维的时候,是否也可以反身思之,如何建立源于古中国智慧的东方现代思维,而使整个人类得以分润?如果我们不做这份本职之内的工作,而醉心于一味地贩卖别人的成果,是否会被历史嘲笑为既是中国祖先的不肖子孙,又是西方哲人的蹩脚的学生?我们应该对光辉灿烂的中华文明,给出一套属于自己的,有根基、有活力的"说法",这里就用得上老子的话"知人者智,自知者明;胜人有力,自胜者强"了。

这里涉及专家和通才的关系。我们需要一大批坚实而深入的专家,同时这么大一个国家,也需要一些有真才实学的,集合多种专门之长的通才,从文化战略的高度思考民族精神建设和开展国际对话。对于古老的中国智慧的复杂深奥、朦胧混沌之处,要做出详细解释并非易事,需要众多学者的觉悟和共识,并且把觉悟和共识贯彻到每个专门的领域。除了专门领域,还要有提升专门领域而形成的通识,才能以中国人文作为一个整体,与世界进行深度的对话。于此只想提几句涉及本体论方面的话。中国祖先是把人和天地万物作为一个大道流贯、生命互渗的完整的体系,来考察人的生存处境的,这就是"三才"思维模式。《周易·说卦》说:"昔者圣人之作易也,将以顺性命之理。是以立天之道,曰阴与阳;立地之道,曰柔与刚;立人之道,曰仁与义。兼三才而两之,故《易》六画而成卦。"这就把两极对立共构的大道存在和运行法则,以一分为三的原则,贯穿于宇宙人间万有之间,以它们的分化多元、对应感通、摩荡推移,形成了一个富有张力的动态体制。这当是两千年前人类最具天才的思想之一。

那么"三才"的"才"字,又有何种含义呢?这必须从语义学、语源学的角度,把握中国人的原始思维。《说文解字》说:"才,草木之初也。从丨上贯一,将生枝叶。一,地也。"段玉裁注:"一,谓上画也;将生枝叶为下画。才,有茎出地而枝叶未出,故曰将。草木之初而枝叶毕寓焉,生人之初而万善毕具焉。故人之能曰才,言人之所蕴也;凡草木之字才者,初生而枝叶未见也。"这就将"才"看成是联通地气,如草木萌生一样即将破土而出的生命。据此"三才"既是三种材质,又是三种材质中生命的原始状态。对于贯穿天地人的生命原始运行形态,《周易》在解释八八六十四卦象的时候说"乾卦":"天行健,君子以自强不息";说"坤卦":"地势坤,君子以厚德载物"。在象征天地的乾坤二卦上,寄托着何等刚健和博大的人文精神理想。现代"中国心灵"不必彷徨无主,完全可以从这里寻找到自己的精神原型。这比起那些颓废感伤、精神破裂,以及各持宗教和种族偏见,刀枪相见,"卧榻之侧,岂容他人酣睡"的精神状态，不知高明到哪里去了。孔子说："大道之行也，天下为公。选贤与能，讲信修睦，故人不独亲其亲，不独子其子，使老有所终，壮有所用，幼有所长，矜寡孤独废疾者，皆有所养。"（《礼记·礼运》）这乃是从《周易》的三才构架中，衍化出来的人间关怀、历史关怀和终极关怀。

中华民族是一个具有丰厚的历史意识和诗性情趣的民族，二者的结合就是浑厚而务实的"诗意栖居"。栖居而讲究诗意，就是注重心灵建设。我们的祖先从《春秋左氏传》和二司马的《史记》《资治通鉴》为代表的历史经典中培植了何等丰富的立德立功、成仁成义、奋发图强的精神支柱，以及处世谋略。同时中国的人文精神又是刚柔相济的，它追求着诗性情趣，用以调节和提升人生境界。如《隋书·经籍志》所云："诗者，所以导达心灵，歌咏情志者也。"《诗经》、楚骚、《庄子》、《史记》、唐诗、宋词、韩、柳、欧、苏文，直至"三国"、"水浒"、"西游"、"聊斋"、"红楼梦"，再降至以鲁迅为代表的现代文学，中国人的诗性世界是非常广阔，具有永远也解读不完的深邃精妙的精神蕴涵的。而少数民族的史诗"格萨尔"、《江格尔》、《玛纳斯》，及《福乐智慧》《蒙古秘史》《苗族古歌》等等，与中原文明相辅相成，相得益彰，形成一体多元的发展合力。当然，我们有必要吸取世界现代人类智慧来建设我们的现代精神家园，永远不应该把自己封闭起来，这个道理很清楚——没有世界视境，也就没有现代意义上的人文精神。同样很清楚的道理是，没有数千年博大精深的中国人文智慧的现代性转化和本体性的参与,我们也无法建立现代人文精神的"中国家园"。这似乎是老生常谈,但是在中国文化百年转型的过程中,传统文化受到极其严峻的挑战和清算,受到在转型期往往是必要和不可避免的,但在和平建设时期还无休无止,因而有可能走向荒谬的讨伐和批判,而疏于对其进行大规模的深度现代性转化的时候——在世界任何一个民族中也很难见到的这种情形下——就可能把上述的"老生常谈"转化为富有历史针对性的至理名言。质之高明,此见然否?

总而言之,在我看来,在改革开放的中国经济崛起的今日,切切实实地开展建造"中国心灵"的系统工程,已是当前中国社会以及它的人文学者和作家责无旁贷的历史命题了。人文建设有自身的行为逻辑,这就是"始于教育,贯于风俗,精于学理,成于制度"十六个字。人文建设作为人心的建设,关系到一个民族有没有价值的共识。你的人口素质怎么样?你的精神状态怎么样?你的社会风气怎么样——如果把13亿人的素质,通过我们的人文建设变成一种无穷无尽的提高综合国力的心理基础,那将是"软实力"建设的一件大事。

现在传统文化的教育,仁义礼智信、忠孝廉耻到处贴,也可以出很多伪君子,标签往往是靠不住的。这就是说传统文化的教育,要成为人的情怀的东西才是重要的。在当下这个信息和传播途径这么发达的时代,传统文化还要贯穿于风俗。节日风俗非常重要，它是全民的娱乐方式，要进入文化的脉络。比如春节、元宵、清明、端午、中秋五大节日非常重要，完全可以根据现代国家的需要搞一点对于中华文明史的记忆有重大价值的活动出来。精于学理也是很重要的。一套令人信服的有号召力的学说的建立不是简单的事情。中国的文化经典、文化事象、文化哲学，"有容乃大、创新图强"的精神，为什么不能利用国家的力量对中国文化的总体进行深刻的探讨和建构？制度正是文化传统、文化战略转化为可操作的能够见成果的现实行为的关键。把握这个历史命题和人文行为逻辑，才能如古人所说"俯仰无愧气自浩"。但愿这个需要集数代人之努力的历史命题，在今日社会中就具有"千里之行，始于足下"的自觉意识。

二 《论语》为何叫《论语》

1. 应该克服的文化软肋

《论语》是对中国思想文化影响最深的一部经典，它既然深刻地联系着中国文化的根子，那就只有从根子上进行研究，才能把握它发生的缘由，把握它的血脉流程，把握它的原本意义。这是认清文化家底所必需，也是现代性的理论创造的题内之义，因为现代性理论创造，离不开与源远流长的文化传统进行深度的对话。只有原原本本地对《论语》进行发生学的根柢研究，把自己文化的根子认识清楚了，这种深度对话才能落实到根本处，才能在坚实深厚的根基上建立完整的现代文化创新系统。这是现代大国文化创新意识中不可缺少的关键环节，舍此只能追逐浮沤，丢失潜流。我们需要的是古今相通，古今智慧共享，进行有根柢的而不是随波逐流的思想文化创造。

那么，《论语》为何取名《论语》？它的名字的本义是什么？读了两千年《论语》，却未能清楚明白地知道，《论语》何以叫《论语》，只是满足于、迷惑于众说纷纭，这实在是我们思想文化上的一条致命的软肋。五花八门，却摸不着门，这不是负责任的态度和做法。先秦诸子书，在宗师始创而后学编纂成书时，通常都是以开创学派的思想家的姓氏名号进行命名，如"老子"、"墨子"、"庄子"，甚至儒家后起的大家，也因此冠名"孟子""荀子"。唯独《论语》是突出的特例，没有称"孔子"，没有采用孔子冠名仪式。这一独特点，与《论语》的编纂启动和成书过程息息相关，其间有编纂者的生命信息存焉。这就需要我们深刻地进入"古中国的语法"，或《论语》编纂时代的语言用法，而加以解读。

2.《论语》何时得名

我们必须首先确认《论语》的得名，始于何时。如果始于孔子的弟子的最初编纂，就应该有的放矢地考索那个时代的取名用语的惯例，考索孔子弟子为《论语》取名的原本意义。史料表明，《论语》得名甚早，当在春秋战国之际，于此起码可以考索到《论语》成书于春秋晚期到战国早期的"六证"：

一证是《礼记·坊记》说："子云：君子弛其亲之过而敬其美。《论语》曰：'三年无改父之道，可谓孝矣。'高宗云：三年其惟不言，言乃讙。"这是历史文献中对《论语》书名的最早记载。《论语》中被引用的这则"子曰"，在《学而篇》《里仁篇》中重出，行文全同。南朝梁代沈约说：《坊记》乃孔子之孙子思所作。此言若可信，则在战国初期就有《论语》之名了。

二证是《汉书·艺文志》记载："武帝末，鲁共王坏孔子宅，欲以广其宫。而得《古文尚书》及《礼记》《论语》《孝经》凡数十篇，皆古字也。"这是沿用刘向、刘歆父子校书中秘时的判断。所谓古文《论语》，乃是以战国文字记录。有学人根据东汉王充《论衡·正说篇》的一句话"初孔子孙孔安国以教鲁人扶卿，官至荆州刺史，始曰《论语》"，怀疑《论语》得名于汉代。其不知这个"曰"，也可以释为"言"，如《广雅·释诂四》云："曰，言也。"指的是言说、传述《论语》。在《论衡》这段话前面还说："夫《论语》者，弟子共纪孔子之言行，……至武帝发取孔子壁中古文，得二十一篇，齐、鲁二，河间九篇：三十篇。"《论衡·佚文篇》又说："孝武皇帝封弟为鲁恭王。恭王坏孔子宅以为宫，得佚《尚书》百篇，《礼》三百，《春秋》三十篇，《论语》二十一篇，闻弦歌之声，俱复封涂，上言武帝。武帝遣吏发取，古经《论语》，此时皆出。"古经《论语》与《汉书·艺文志》所说的《古论语》同，是战国文字的写本。

问题在于鲁恭王不可能活到武帝末，据《汉书·景十三王传》记载，鲁恭王刘馀于景帝前元二年（公元前155年）立为淮阳王，吴楚反叛被平息之后，于前元三年改封鲁王，二十八年薨。卒于汉武帝元朔元年（前128年）。汉武帝在位时间是公元前140—前87年，即是说鲁恭王逝世于汉武帝即位才十三年，不到他在位五十四年的一半，因此坏孔子宅而发现古文《论语》，不应是"武帝末"而是"景帝末"，年代属于误记。但是孔壁出土《古论语》，是汉代文献发现史上确凿无疑的大事，其意义不逊于汲冢简书的发现。王国维对之推崇备至："自汉以来，中国学问上之最大发现有三：一为孔子壁中书；二为汲冢书；三则今之殷虚甲骨文字，敦煌塞上及西域各处之汉晋木简，敦煌千佛洞之六朝及唐人写本书卷，内阁大库之元明以来书籍档册。"先贤为人类多处蒙昧之世，中土文献独放光芒而感到自豪，怀抱敬重之意从中寻找文明之脉络。显而易见，所谓孔壁古文是没有经过汉人隶写的文献，就是战国古籍。应该从战国成书这个基本点上寻找《论语》脉络，才称得上回到根本。

三证是《史记·孔子世家》引《论语》资料四十五则，《仲尼弟子列传》所引也达四十则之多，即苏洵所谓："《五帝》《三代纪》，多《尚书》之文；齐、鲁、晋、楚、宋、卫、陈、郑、吴、越《世家》，多《左传》《国语》之文；《孔子世家》《仲尼弟子传》多《论语》之文。"从《仲尼弟子列传》首列"四科十哲"来看，司马迁是得见《论语》；而"四科"之"政事科"在"言语科"之前，异于今本，其采用的乃是《古论语》。《仲尼弟子列传》结尾也证实这一点:"太史公曰:学者多称七十子之徒,誉者或过其实,毁者或损其真,钧之未睹厥容貌,则论言弟子籍,出孔氏古文近是。余以弟子名姓文字悉取《论语》弟子问并次为篇,疑者阙焉。"既然司马迁从整理孔壁古文的孔安国问学,得见古文《论语》,则《论语》于战国已经成书,当属无可怀疑。

四证是汉人赵岐《孟子题辞》说:"七十子之畴会集夫子所言以为《论语》。《论语》者,五经之錧鎋,六艺之喉衿也。……至孝惠乃除挟书之律,然公卿皆武力功臣,莫以为意。至孝文始使掌故晁错从伏生受《尚书》。《尚书》出于屋壁,《诗》始萌芽,天下众书往往颇出,犹广立于学官,为置博士。由是《论语》《孟子》《孝经》《尔雅》皆置博士。及后罢传记博士,以至于后汉,惟有五经博士。"《论语》虽然尚未列为经,但在汉惠帝搜集图书以后,已有国家收藏,并在汉文帝时设置"传记博士",这在孔壁发现《古论语》之前,因而无论是收集旧书,或是口耳相传的笔录,它成书于战国,也是可以相信的。

五证是既然刘向、刘歆父子得见三种《论语》传本,此书存在和流传必然已久,所谓古文《论语》,当是战国文字的传本。与刘歆交游论学的桓谭在《新论》中说:"《古论语》二十一卷,与《齐》《鲁》文异六百四十余字。"既然文字有所出入,而出入又有限度;既然个别传本篇章略多,而篇次又大体相同,那么他们只能源自战国时期的编定本,而在长期的口授、传抄中出现某些差异。这是周秦两汉书籍制度,与宋以后刻版印刷的书籍制度不同的缘故。西汉成、哀之世,刘向父子负有"校经传、诸子、诗赋","条其篇目,撮其指意,录而奏之"的责任,但他们只是按照《论语》流通的年代、地域,分出古、齐、鲁三家,并未另外起书名,可见他们对此书最初编纂就确定的《论语》书名,是认同的。

六是刘向《别录》的说法:"《鲁论语》二十篇,皆孔子弟子记诸善言也。太子太傅夏侯胜、前将军萧望之、丞相韦贤及子玄成等传之。《齐论语》二十二篇,其二十篇中章句颇多于《鲁论》,琅琊王卿及胶东庸生、昌邑中尉王吉,皆以教之,故有《鲁论》,有《齐论》。鲁恭王时,尝欲以孔子宅为宫,坏,得古文《论语》。《齐论》有《问玉》《知道》,多于《鲁论》二篇。《古论》亦无此二篇,分《尧曰》下章'子张问'以为一篇,有两《子张》,凡二十一篇,篇次与《鲁论》同。"刘向奉旨领校中秘群书二十年,条其篇目,撮其旨意,辨其讹谬,即所谓"辨章学术,考镜源流",撰成《别录》二十卷,对于书籍是必须目验,才能说话的。既然他已目见三种《论语》传本,必然是国家秘府收藏的简书,流传已久,而且在西汉时期流传有序。所谓古文《论语》,刘向所见古文字甚多,当知是战国著录传本的遗存。

总而言之,对于多种文献的共同指向,在没有过硬的反证材料之时,后人应以平常心体验其间的生命存在,大可不必疑神疑鬼,使自身的文化根子"碎片化"、"空心化"。由此"五证"和更多的旁证,我们可以进一步考察,《论语》成书方式与先秦诸子他书存在着明显的区别，这是七十子之徒的一次非常郑重的集体行为，与汉人编书，搜集散简，以类相从，系以诸子名字的方式迥异其趣。集体编纂必然采取"子将奚先，必也正名"的原则，在开始编纂时就应论定书名和体例。

3.《论语》书名的本义

读《论语》，第一道门槛就是要认证"何为《论语》"。返本还原，不能绕过《论语》命名方式的还原。既然已经考定《论语》书名乃是春秋战国之际七十子后学所为，那么我们对《论语》书名本义认定，就应该聚焦于七十子后学，而不能舍近求远。

先看正史"艺文志"目录学的最早记述。《汉书·艺文志》说："《论语》者，孔子应答弟子、时人及弟子相与言而接闻于夫子之语也。当时弟子各有所记，夫子既卒，门人相与辑而论纂，故谓之《论语》。"

这里提出"门人相与辑而论纂"的《论语》编纂方式，其中的"论"字与《论语》书名相关。正当的方法，是由刘向、刘歆父子和班固的这一判断，反推七十子后学的用语习惯。然而，后来的许多判断多是舍近求远，愈求愈是远离原始编纂现场，难得头绪。《汉书·艺文志》百年后的东汉末年刘熙《释名·释典艺》中，就开始露出离开七十子后学，另行解释的端倪，他认为："《论语》，纪孔子与诸弟子所语之言也。……论，伦也，有伦理也。"这里的伦理，并非人际道德、是非曲直的伦理，而是伦次规整、层次分明的伦理。"伦理"一词最早见于《礼记·乐纪》:"乐者,通伦理者也。"郑玄注:"伦,犹类也。理,分也。"刘熙曾师从郑玄,他对《论语》书名的解释,只是套用郑玄,没有留意返回七十子后学的必要性。

从南朝梁代皇侃《论语义疏叙》的描述,又可以知道,从刘熙以后的三百余年间,注疏转繁,对《论语》书名的解释,却愈走愈远:"《论语通》曰:《论语》者,是孔子没后七十弟子之门徒,共所撰录也。……但先儒后学,解释不同,凡通此'论'字,大判有三途:第一,舍字制音,呼之为伦。一舍音依字,而号曰论。一云伦、论二称,义无异也。第一舍字从音为伦说者,乃众的可见者,不出四家。一云,伦者次也,言此书事义相生,首末相次也。二云,伦者理也,言此书之中,蕴含万理也。三云,伦者纶也,言此书经纶今古也。四云,伦者轮也,言此书义旨周备,圆转无穷,如车之轮也。第二,舍音依字为论者,言此书出自门徒,必先详论,人人金允,然后乃记,记必已论,故曰论也。第三,云伦、论无异者,盖是楚夏音殊,南北语异耳。南人呼伦事为论事,北士呼论事为伦事,音字虽不同,而义趣犹一也。侃案三途之说,皆有道理,但南北语异如何,似未详师说,不取,今亦舍之,而从音依字。"如此排比"先儒后学,解释不同",使《论语》的"论"字出现多义性,与伦、纶、轮音义相通相混;虽然标示自己"从音依字",但未给出理由,只从训诂学上、没有从七十子后学的身上寻找理由。

北宋邢昺为真宗时期的国子祭酒,兼翰林院侍讲学士,其撰写《论语注疏解经序》时，面对郑玄、何晏、皇侃以来的注疏训诂材料，缺乏新的思想方法，包括更新举证方式以设置纵横坐标做出准确定位的方法，因而在《论语》如何得名上对盘根错节的多样性，依然纠缠莫解："论者，纶也，轮也，理也，次也，撰也。以此书可以经纶世务，故曰纶也；圆转无穷，故曰轮也；蕴含万理，故曰理也；篇章有序，故曰次也；群贤集定，故曰撰也。郑玄《周礼》注云'答述曰语'，以此书所载皆仲尼应答弟子及时人之辞，故曰语。而在论下者，必经论撰，然后载之，以示非妄谬也。"真所谓"经师易求，人师难得"，虽然邢昺为帝师多年，但对《论语》书名并无的解，反而陷在比四百年前皇侃更为繁杂的语义迷宫中不得脱身，对原本意义缺乏单刀直入、一针见血的辨析能力。

为了穿越历代经注的排比堆砌的模糊化处理，直逼《论语》取名的本义，在论证《论语》生命存在时，必须确立一个工作原则，就是"内证高于外证"的原则。文本内证是最大限度地接近原始性的证据，是现身说法的证据，比起旁人评头品足、猜测揣摩、说三道四的所谓"证据"更具有可靠性。佛学有所谓"自身内证诸胜法相"，即"建立内证法，及说法相名"。考据学的内证证心灵，外证证形迹，各有其特殊的价值功能。那么，内证存在于何处呢？存在于《论语》本身，那里蕴含着孔子及其弟子的思维习惯、行为习惯和用语习惯。按照孔子及其弟子的思维、行为、用语习惯，以解释《论语》为何在书名中使用"论"字和"语"字，是能够起到直击本原，避免舍近求远之弊的学术效应的。

今本《论语》全文使用"语"字，有十三章十五字，诸如子语鲁大师乐，曰："乐其可知也：始作，翕如也；从之，纯如也，皦如也，绎如也，以成。"（《八佾篇》）子曰："中人以上，可以语上也；中人以下，不可以语上也。"（《雍也篇》）"语"字的意义比较单纯，都可以从认知或告知上加以理解。在这十五个"语"字中，只有《子罕篇》的"法语之言"、《先进篇》的"言语"，与其他文字组合成词，其余十三个"语"字，都是应答、对谈、言说的意思，自言为言，与人谈论为语，适与《汉书·艺文志》所谓"孔子应答弟子、时人及弟子相与言而接闻于夫子之语也"，若合符契。

揆之古史，"语"本是非常古老的一种文体。《荀子·哀公篇》记孔子对鲁哀公问："语曰：'桓公用其贼，文公用其盗。'故明主任计不信怒，暗主信怒不任计。"这里的《语》是总结了用人标准及其历史教训，这种文体已是孔子所知。《国语·楚语上》记申叔时论教育太子之道时所说："教之《春秋》，而为之耸善而抑恶焉，以戒劝其心。教之《世》，而为之昭明德而废幽昏焉，以休惧其动。教之《诗》，而为之导广显德，以耀明其志。教之《礼》，使知上下之则。教之《乐》，以疏其秽而镇其浮。教之《令》，使访物官。教之《语》，使明其德，而知先王之务用明德于民也。教之《故志》，使知废兴者而戒惧焉。教之《训典》，使知族类，行比义焉。"这里的太子就是楚庄王之子楚共王。在这段对话中，《语》已经与《春秋》《诗》《礼》《乐》等古老典籍一道，被推荐为太子学习的教科书了。

申叔时是楚庄王（公元前613—前591年在位）时的大夫，《左传》宣公十一年、十五年，成公二年、十五年、十六年（公元前598—前575年），都有他的记载；《史记·陈杞世家》及《楚世家》，也有记述。申叔时论傅太子之道，大约在公元前598—591年，即楚庄王十六年至二十三年之间。以历史编年学推算，在《论语》开始编纂以前一百多年，楚国已经存在着以《语》命名的书了，而且其功能是"使明其德，而知先王之务用明德于民也"，与孔子言德颇有应合之处。后来出现的《国语》，内分《周语》及《鲁语》《齐语》《晋语》《郑语》《楚语》《吴语》《越语》七国之"语"，也可能是以列国之《语》为原始材料的汇编。可知"语"是孔子身前身后颇为流行的一种文体。

既然"论"是在"语"的文体形式上新增的文体标志，那么关键点就在"论"字上。然而千百年来，问题就出在"论"字的解释上。关键点出了问题，问题就大了，因此必须启用定位坐标系，返回内证。检阅今本《论语》全文，其中共有两次使用"论"字。一是《先进篇》说："论笃是与"，朱熹集注解释为"言论笃实"，如果按照这个解释，就和"语"字的解释有所重叠。二是《宪问篇》记述孔子的话时使用的"论"字："为命：裨谌草创之，世叔讨论之，行人子羽修饰之，东里子产润色之。"这里的"论"字,与"讨"字组合成词,很值得注意。

郑国的子产,是孔子推崇的一位先贤,他处理郑国政务的方式,可以参看《左传》襄公三十一年(公元前542年)的这段话:"子产从政也,择能而使之,冯简子能断大事,子太叔美秀而文,公孙挥能知四国之为,而辨于大夫之族姓、班位、贵贱、能否,而又善为辞令。裨谌能谋,谋于野则获,谋于邑则否。郑国将有诸侯之事,子产乃问四国之为于子羽,且使多为辞令,与裨谌乘以适野,使谋可否,而告冯简子使断之。事成,乃授子太叔行之,以应对宾客,是以鲜有败事。北宫文子所谓有礼也。"加上子产的其他言行,"仲尼闻是语也,曰'以是观之,人谓子产不仁,吾不信也。'"然而《左传》这则记载,侧重于子产处理政事、外交,能够集思广益;与《论语》孔子言,侧重子产制作外交文件,都有一套集中群体智慧的程序,却反映着不同的关注点。

《论语·宪问篇》孔子赞许的是著述编纂文件的理想形态,是他特别推许的"论纂模式"。既然先师如此交代,弟子又记录在案,在编纂《论语》时,岂可不遵从这种以"论"为中心的草创、讨论、修饰、润色的工作程序?孔子交代了如此编纂模式,弟子如此记录这个模式,这就使《论语》的编纂程序有了师门传承的依据。《论语》书名之"论"字之本义,当以此为准,这与《汉书·艺文志》所谓"辑而论纂"相契合,纵横坐标均交汇于此。就是《论语》编纂有一个讨论、选择和润色的程序,编纂的价值观和生命信息都与这个程序息息相关。"辑而论纂"的工作方式,乃是弟子遵从夫子遗训的编纂行为。对此内证熟视无睹,轻易放过两千年,不能不令人感到诧异。

  小泉居论学,论题有时集中,有时分散,零零星星,断断续续,但求新鲜有趣。这里所辑录者,已经过拼合与修饰,似乎在写论文,失其原样矣。只能说,在这里还能发现原初议论的不算完整的范围。

2014 年 9 月整理

读书的启示及方法

今天是广东省举办的"南国书香节"的首场讲演。以书香命名一个节日，使读书成为一种香飘四季的社会风气和民间风俗，这是广东省在经济腾飞的时候，建设文化大省的一大手笔。

我作为一个从广东走出来的读书人，回来给广东读书人讲读书，感到非常荣幸，又非常亲切。我这次回家乡来捡拾自己读书的脚印，主要是用自己切身的经历来谈谈读书的体会，谈如何在读中开发、培育、升华自己的生命。

一 读书对于人类存在，具有本体论的意义

从文化人类学的意义上说，劳动是人区别于猿的标志，读书是文明人区别于野蛮人的标志。也就是说，读书对于人类存在，具有本体论的意义。读书是人类的专利，人类创造了书籍这种方式，用来传承知识、积累文化、涵养情志，使新一代的知

识起点承接在上一代的知识终点上,步步登高,走向辉煌。如果到动物园,看见猴子拿着书来读,那大家会感到很滑稽;但是如果看见小孩拿书来读,那大家都会去称赞他,觉得他有出息。这就是说,书把人与猴子分了类。

《论语》二十篇近五百章,首篇《学而》的开头一章就是:"子曰:学而时习之,不亦说乎?有朋自远方来,不亦乐乎?人不知而不愠,不亦君子乎?"从这居于经典的重中之重第一章中可以知道,学习是孔子留给中国人的"第一遗训",他希望国人通过坚持不懈、世代相传的学习、学习、再学习,以延续、提升和发展自身的文明。孔子这个思想,为曾子所强化,通常认为曾子著有《学记》,强调"君子如欲化民成俗,其必由学乎?玉不琢,不成器;人不学,不知道。是故古之王者,建国君民,教学为先"。又称"独学而无友,则孤陋而寡闻"。如果按照清人毛奇龄的说法,"学者,道术之总名","学"字是名词,那就可以将"学而时习之",解释成对儒门学术定时见习了。这就首揭承传道统的命题。为何孔子乐于"有朋自远方来"呢?古注认为"同门曰朋",清人刘宝楠说:"孔子不仕,退而修诗书礼乐,弟子弥众,至自远方,莫不受业焉。弟子至自远方,即有朋自远方来也。朋即指弟子。"这又涉及弘扬道统的命题。对于孔子这种教学相长、切磋为乐的思想,后人引申为乐见天下朋友,张扬着一种坦荡、开阔、好客的处世胸襟。乐观对于孔子而言,是一种境界,一种生命的真诚。因此自己学有所成,因世俗浅陋而不为人知，因当局无道而不为所用，也不会愠怒，不言放弃，因为他为学为己，心系任重道远，旨在提升这个文明。朱熹对此章评价极高，说它是"入道之门，积德之基"。从篇章学的角度来看，《论语》首篇首章，就在高处自立地步。

中国从南北朝以来，就有给周岁的小孩"抓周"的民间风俗：在小孩面前摆上书籍、笔墨、玩具等小物品，从他抓取什么上预测他的性情、志趣或未来的前程。《红楼梦》里贾宝玉"抓周"，面前的书籍、笔墨、乌纱帽一概不取，伸手只把些脂粉钗环抓来，气得贾政老爷大骂他"将来酒色之徒耳"。如果他抓了书籍官帽，全家都会欢天喜地的。所以人创造了文字，进而形成了书册典籍，这就成为人创造文明、发展文明的一个重要手段和基本标志。

书可以是上下数千年、远近数万里的人写成的，但读书可以超越时空界限，可以与人类文明进行无障碍对话。今天可以同李白、杜甫对话，明天可以同荷马、但丁对话，只有人才能享受这种无障碍对话的读书乐趣。书籍积累、交流、传播着知识，日久天长，川流不息，它已经积累、交流、传播成现代知识社会，因此，在现代社会不读书的人不能成为一个完整意义上的人。

二　读书是开发和释放中国人力潜力的重要途径

中国是一个人口众多的国家。怎样把我们人口的资源转化为人才的资源,是我国现代化发展的重要问题。在这一点上,教育的普及和读书风气的普及,是关系到民族的素质品位和国运兴衰的一件大事。为什么要突出地强调这个问题呢?因为我们潜在着相当程度的"读书危机"。我一年读了多少书?读的都是什么书?每个关心自身素质的人,都应在年终时分做一番反省,写下"精神笔记"。据统计,中国大陆每人年均的阅读量是4.3本书,有人说"香港是文化沙漠",但是中国香港每年图书销售量是30亿港元,人均500港元,人均每年读书量是6本以上,相当于大陆的1.5倍。以色列人年均读书量60本,是中国的十几倍。在我们一些人群中,阅读沙漠化已经严重,亟需认真治理。我到俄罗斯,在莫斯科、圣彼得堡的地铁上,很多人都在看书,仔细考察,读的多是专业书或者严肃的文学书,从上地铁读到下地铁。不少中国人除了用手机打游戏之外,却去读什么昏天黑地寻找刺激的书,以及"吃生茄子,喝绿豆汤"之类的养生书,简直是无思想、无智慧、无审美质量可言的"三无阅读",长期如此,必然造成思想和心灵的平庸化、贫困化和低劣化。阅读并非都是开卷有益,重要的是"读什么",这里有"正阅读"、"〇阅读"、"负阅读"的区别,对心灵的损益也大相径庭。因此我们应该提倡"正阅读",减少"〇阅读",远离"负阅读",使阅读成为培德励志、益智娱情的行为。

我讲一讲个人的一些阅读经历。我出生在广东电白县农村,是整个乡里第一代小学生,在我以前连小学生都没有。同学里面，有许多人因为家境贫困，父母过早让他们回家务农了。我的父亲勒紧裤腰带也让我去读书，能读到哪一步就支持我读到哪一步，所以才读到有考大学的机会。中国农村教育普及，应该当作开发人才很重要的方法。

少年时代经常听到父亲吟哦《千家诗》。家里有一部石印本的《千家诗》，上图下文的版式很能吸引阅读兴趣。于是也就跟着诵读，第一首程颢的《春日偶成》，什么"云淡风轻近午天，随花傍柳过前川"；还有朱熹的《春日》，"胜日寻芳泗水滨，无边光景一时新"；以及苏东坡的《春宵》，"春宵一刻值千金，花有清香月有阴"等等。这样的诗把它背下来，就知道了过去诗歌的音律声情之美。小时候读《千家诗》是音调把我领入门的，音调的兴趣甚至高于字义的兴趣，这一点可能会发展成为以后诗歌研究的新视角。

家中也有一本石印本的《古文观止》。读《古文观止》没有读《千家诗》那么轻松，轻松可以刺激兴趣，沉闷可以磨炼毅力。对于读书而言，毅力和兴趣同等重要，甚至更为重要。有毅力就能深入到文章的妙境当中，也能激发出更深沉耐久的兴趣。比如读骆宾王为徐敬业写的《讨武曌檄》，就可以从它蕴含的历史典故中找到兴趣。据说武则天读到"入门见嫉，蛾眉不肯让人；掩袖工谗，狐媚偏能惑主"，只是笑笑；但是读到"一抔之土未干，六尺之孤安在"，说的是高宗皇帝尸骨未寒，但是中宗——武则天的儿子，六尺之孤现在在哪里呢？给武则天夺了他的权了。读到这个地方,就触动了武则天敏感的神经,她就很不高兴,说我们的丞相为什么不发现和收罗这样的人才?古诗文往往把我们带入了一个掌故的世界,据说一些老先生学问好,就因为他懂很多与诗文相关的轶闻传说、故实原委。过去文学史不怎么写掌故,我主张写,这可以增加文学史的史料厚度和阅读趣味。当然,有些掌故考证起来可能有问题,但你对它的虚构成分心中有数,反而可以扩展阐释的空间。为什么历史上没有这件事,有人却要杜撰这件事,这本身可能就是个精神史的问题。

比如"金龟换酒"的掌故。贺知章解下腰间佩带的金龟,换酒跟李白同喝。这个掌故见于唐人的《本事诗》,根据是李白写的《对酒忆贺监》:"四明有狂客,风流贺季真。长安一相见,呼我谪仙人。昔好杯中物,今为松下尘。金龟换酒处,却忆泪沾巾。"现在看贺知章诗的成就还不如李白,他用金龟换酒跟李白一起喝,不是很正常的事情吗?李白为什么如此感激涕零呢?实际上我们如果还原到这个掌故当时发生的情形,就颇有意味了。贺知章是七十多岁的秘书监,比李大四十岁,部长级干部。李白一个文学青年三十多岁写了几首诗,第一次到长安,在小旅馆里住,一个七十多岁部长级干部,三品官员,到旅馆去看他,而且解下自己的金龟(唐朝是三品以上官员佩带金龟,四品银龟,五品铜龟),就像将军把自己的徽章拿下,做抵押去换酒陪你喝,称赞李白是天上被贬谪到人间的仙人。可以看出,盛唐时期的诗和酒打破了官本位的等级制度,这种文明共享的情景在后世的唯官是崇、见钱眼开的世俗体制中是难以想象的。

我大概是在小学三四年级就读《三国演义》。书很残破,大概剩下的也就二三十回。但是绣像本,读起来也津津有味。读这部书,就懂得"天下大势,分久必合,合久必分"。像周作人讲《中国新文学的源流》,他把古代言志的文学、载道的文学的起伏交替,说成是构成整个中国文学史的基本脉络:言志是个性的、抒情的,载道是政治的、说教的,两种文学互相起伏,构成文学史。他没有什么理论根据,就是根据《三国》讲的"分久必合,合久必分"这么一个历史循环的理论。所以一个人小时候接触的书籍,都可能埋下一些种子,刺激日后作为有心人继续读书思考的兴趣,也就可能发芽生长成一个专门的学问体系。人的内在潜能是多方面的,要根据可能从不同角度开发自己的潜能。

三 读书是一种终生的旅行、终生的事业

知识和学问是无限的,生命是有限的,解决这个矛盾,就要持之以恒,把读书作为终生的习惯。能坚持,是对生命韧性的考验,韧性生恒心。欧阳修曾经说到他最好的文章是什么时候写出来的?他提出"三上"的说法:枕上,马上,厕上。他平时对文章苦苦思虑,全神贯注,才能在不经意中灵感突然袭来。

不是书要我去读，而是我要读书，永远当主语的人是大写的人。条件人人有差别，读书的欲望全然在我们自己，要充分挖掘、发挥你遇到的每个机遇所提供的可能。我在自己的工作领域取得了些成绩，就是懂得如何通过自己切实的努力，一步一个脚印地向前走。走路之道，只有方向，没有终点。

　　学习的欲望是一种知不足而求足的欲望。要保持这欲望，使它长盛不衰，在一些关键时刻就要超越种种精神障碍，处劣势时发现自己的优势，翻过一面看问题。我刚上大学的时候，知识面相当有限。上海、北京的同学，一开口就托尔斯泰、巴尔扎克，什么普希金、高尔基，而我在农村里只知道《说唐》里面李元霸是第一条好汉，宇文成都是第二条好汉，裴元庆是第三条好汉，土气得掉渣。对于自己与城市同学的知识落差，感到有些悲观。《琵琶记》中有句话："不如意事常八九，可与人言无二三。"人生不可能一路坦途，可贵的是在忧患中不损志气，遇到坎坷就翻过一面看自己。在后来的学习过程中，我竟然跟城市里的同学考得分数差不多，说明我在同等条件下更有潜力。翻过一面看自己，不要只看到自己的劣势，要看到自己还有潜力。我想，这种"翻转式思维"大概也是一种智慧，可以激发出一种精神力量，知不足而思补足，化劣势为另一个角度的优势。世界上没有绝对的优势和劣势，就看你如何对待和处理。处置有方，这才是最要紧的。

　　自己是自身潜力的载体，潜力的释放，精神的解放，自己最知深浅，自己最知可能，所以首先要有自己主体性的觉悟。最可怕者，是折断自己的主心骨。最可贵者，是开拓自己的深度潜力。别人用八个小时读书，你花上十个小时读书，把应该读的文献都梳理一遍，才能在学科领域获得充分的发言权。同时要建立自己的信心，有信心就能水滴石穿。有的人知识比较系统，本是好事，但是写文章容易落入教科书框套。有的人知识比较芜杂，本是坏事，却往往有自己的体会，不入框套，一旦成熟，就多少有点创造性。这很重要。研究工作贵在创新，如果别人怎么讲你就照着讲，是不可取的。所以，要善于发现自己的精神优势，欣赏和发挥自己的这种优势，把它落实到刻苦上，建立学术上有根柢的创新机制。我写小说史时硕士刚毕业，是没有人觉得我可以写出一百多万字的小说史的。我就是靠着信心和恒心，读了两千多种原始书刊，也是因为有北京的各家图书馆，还有文学研究所的图书馆，它们的藏书为地方图书馆所不及。守着文学所的五十万专业藏书，而不认真读书，实在是伤天害理，有点像杜牧所形容的"浮生却似冰底水，日夜东流人不知"了。

专业性的读书，须围绕着一些有价值的、有兴趣的领域，对与它相关的各种材料进行竭泽而渔式的阅读，相互比较揣摩，从它们之间微妙的差别、不同层面的变化，甚至相反相成中，发现深层的文化意义和精神体验。读得多了，"操千曲而后晓声，观千剑而后识器"，你的思想就自由了，你就有了发言权。因为人家没读的你读了，人家没读那么多而你读了那么多，人家没注意到的你注意了。作为专业化读书方式的竭泽而渔，是耐人寻味的。泽中有水，甚至混有泥泞，不易看清鱼的真面目。要把这水呀、泥呀排尽，以便把鱼通通捉到，就要寻找到排水的有效方法和渠道。

比如对于籍贯在我们广东省番禺县的现代女作家凌叔华，一些作家词典和文学史说，她父亲凌福彭出身翰苑，当过保定知府，这种说法实际是泥水浑浊，难辨真假。怎样排除浊水，去伪存真？就需要找出有效的渠道。渠道之一，凌福彭既然出身翰苑，就应该查一下清朝后期历科进士的名录。一查《明清进士题名碑录》，"鱼"就浮出水面了：凌福彭是光绪二十一年（1895）乙未科第二甲第三名进士。渠道之二，他既然当过知府以上官员，《清代职官年表》应该有他的记载，一查就明白，他当的不是保定知府，而是顺天府尹，即北京市市长。宣统元年（1909）晋升为直隶布政使，直隶省的行政财务省长，由正三品升为从二品，地位比从四品的知府显要得多了。渠道之三，既然他的籍贯是番禺，就有必要查一查，清光绪年间编撰的《番禺县续志》，连她的祖父、曾祖父作为知名乡绅行善积福、创制器具的材料都找出不少。我和客居英国伦敦的凌叔华通过信，她并不知道这些县志材料。如果我们还能找到凌叔华的自传体长篇小说《古韵》（Ancient Melodies），然后再去阅读她早期的小说，对于鲁迅评价她"大抵是很谨慎的，适可而止地描写了旧家庭中的婉顺的女性"，展示了"世态的一角，高门世族的精魂"——就可以获得更深刻的领会了。

"竭泽而渔"，是陈垣先生倡导的治学方法，他当过北师大的校长，是与陈寅恪齐名的历史学家。他的《元也里可温教考》等文章，堪称竭泽而渔治学方法的典范。他为了搞清《元史》中不时出现的"也里可温"这个词的含义，就把二百一十卷的《元史》全部读了一遍，把所有"也里可温"的条目全都抄录下来，然后把蒙古白话写成的《圣旨碑》和其他元代书籍里有关"也里可温"的材料进行参证，终于发现"也里可温"就是元朝基督教各种派别的总称。前辈学者这种见疑不放，对于有价值的但别人不甚经意的疑难问题穷追不舍，从不一知半解，舍得竭泽而渔的治学精神，是很值得我们尊敬和学习的。

四 读书是我的生命对证思量书中生命的过程

书之为物，不仅仅是冷冰冰的墨迹和纸张，它有体温，渗透着昔者或彼者的生命体验和智慧表达。读书应投入人的生命，进入书的生命，使二生命碰撞交融。英国诗人弥尔顿说过："书籍绝不是没有生命的东西，它包含着生命的结晶，包含着像他们的子孙后代一样活生生的灵魂；不仅如此，它还像一个小瓶子，里面储存着那些撰写它们的活着的智者最纯粹的结晶和精华。"体验智者生命的精华，是读书的极大乐趣。

正是有这种书中生命的存在,我们才有根据相信英国哲学家培根的话:"读史使人明智,读诗使人灵秀,数学使人周密,自然哲学使人精邃,伦理学使人庄重,逻辑修辞学使人善辩。"因为书中不同的生命方式,搜索着和激发着与之对应的人的生命潜能,读书也就成了在字里行间发现自我、丰富自我、调节自我的心理过程。当书触动你的生命感觉时,我建议你注意做好读书笔记,记下人和书的生命对证。你读到哪点最有感觉,你觉得哪点最有价值,你感到哪点最为重要,你感到哪点最为可疑,都不妨记录下来。一字一句地记,可以加强你的印象和记忆。分门别类地记,可以积累你的知识和清理思路。提要钩玄地记,可以在提要中把握要领,在钩玄中深化对意义的理解。韩愈《进学解》说:"口不绝吟于六艺之文,手不停披于百家之编,记事者必提其要,纂言者必钩其玄。"提要钩玄,都是精于作笔记的形容。张之洞说:"读十遍,不如写一遍。"这也可以用在做笔记上。

笔记本子有个A、B面,最初的记录最好只写一面,然后在继续读书时发现同类问题,写在另一面,跟它对照,比较其间的同和异。积累多了,你对这问题,就有各种各样的角度、层次上的材料,然后就可以梳理它的渊源流变,或解释它的多重意义了。比如读王国维的一段话,觉得耐人寻味,就写在一面:"哲学上之说,大都可爱者不可信,可信者不可爱。"以后不知道哪天读到《道德经》上相似的意思,又记在另一面:"信言不美,美言不信。善者不辩，辩者不善。知者不博，博者不知。"如果发现别的书上也有类似的话，再把它记录积累下来。相互参证，就可能发现它们之间的传承关系，以及在不同语境中意义的微妙差异，相互间的引申和发挥。

历史学家吴晗说过："要想学问大，就要多读、多抄、多写。要记住，一个人想要在学业上有所建树，一定得坚持这样做卡片、摘记。"唐弢先生也认为，大凡读书，一定要做读书笔记，不要自恃年轻时记忆力好，就不做笔记，如果那样，书读多了容易混杂，年纪大后记忆衰退，就难免要吃亏。唐弢先生晚年写《鲁迅传》的时候，想找一条材料，鲁迅曾经说过他的父亲喝醉时老打他母亲，所以鲁迅从不喝醉。这段话在哪里？他查找了半年没查到，又找了鲁迅博物馆研究员，也没查到，后来偶然读书时，发现在萧红回忆鲁迅的文章里面。因此，他一再告诫，必须做笔记，不要相信你的记忆力好。如果把鲁迅跟酒的关系都记在一个本子上，一查起来不就很方便吗？也就用不着花半年时间去大海里捞针了，一有感受就写下来，要赶快，不要偷懒，"业精于勤荒于嬉，行成于思毁于随"，这也是韩愈《进学解》中的话。

既然把读书当作人与书的生命的对证过程，是过程，就要设计好自己阅读的阶段性，处理好阅读注意力的集中和转移，逐渐把自己训练成一个设计自身学术拓展的战略家。记笔记，关注对证过程的生命痕迹的记录；设计，关注生命对证的过程性的衔接和超越。

我讲点自己的经历供大家批评和参考。三卷《中国现代小说史》写完,我读了近两千种书,如果在同一领域继续做下去,写一二十本书是没问题的,只要加一点新的资料、新的角度就可以了。但我想再写这方面的书,短时间内在分量上是超不过自己的小说史的。在这种情况下,就有条件可以转移我的学术领域。考虑到当时才四十出头,身体还好,精力充沛,在文学研究所读书时间相当充裕,完全可能再做一个领域。在国家研究所做学问做成模样,就不能拘束于三五十年的现代文学,有必要转到两三千年的古典文学,予以古今打通。但是转古典怎么样入手,这是一个很要害的问题。古典文献浩如烟海,关键是能否找到切入口。考虑到我搞过现代小说史,从古典小说切入,也许是最佳的选择,所以我开始进行中国古典小说史论的研究。

进入一个新的学科领域,既是乐趣,又是冒险,下的功夫要比人家加倍。所以《中国古代小说史论》,每一章都力求广泛阅读,精心写作,光是在《中国社会科学》,五年间就发了六篇文章。《文学评论》《文学遗产》上也各发一篇,英文转载过四篇,《人大复印资料》和《新华文摘》转载过十五篇三十万字,这可见自己在读与写上都是下了功夫的。尤其到新领域大家眼睛都在盯着你。古典小说史论的系列文章发表的过程中,韩国、新加坡都有一些学者说,中国有两个杨义,一个搞现代,一个搞古典，这个名字很容易重名。后来开会在一起时大家才知道是同一个人。

反思过去，我读书做学问打破了不少规矩。比如古今贯通的做法，在当时也是越出规矩的。按照当时的学科分割体制，现代文学和古典文学是隔行如隔山啊，不只是时段的问题，不只是知识结构的问题，还有评价体系、工作规范和思维方式的问题，实在贯通之途，关隘重重。而且既然破了当时的一些规矩，人家用五分功夫，你得用十分，做到人家挑不出你的毛病。就是说，在现代小说史研究上建立自己哪怕一点点优势，在转移自己学术注意力的时候不要脱离这个优势，还要依凭这个优势开发新优势。若能这样，就在当时学科分割得隔行如隔山的情形下，为自己准备了从山的这面走到山的那面的一块垫脚石。有这块垫脚石和没有这块垫脚石很不一样，它为读书过程建立了现代文学和古代文学两个不同的学科分支的对话系统，从而为古典小说研究投入新眼光、新思路，才能得出一些为现代人感兴趣的话题和见解。

读书的设计是一个立体性、动态性的设计。围绕着某个问题、某种原有优势的拓展，既可以在纵向上涉及古今，又可以在不同层面上涉及中外以及诸种学科。知今不知古，就罕能清理出事物的原理；知古不知今，就罕能悟透事物的意义和它运行的曲线；知中不知外，就容易使自己的知识封闭起来；知外不知中，就容易使自己的知识失去根柢，变得虚浮空泛。古今中外在某一个问题上进行互参,是读书深入以后应该追求的通则。我在1992年为什么要到牛津做半年客座研究员,就是要读西方叙事学著作,用西方现代理论与我阅读的几千种中国叙事文献相互对质和参证,从中升华出创新的理论。七百多年前波斯诗人萨迪(Sa'di)在跋山涉水、托钵化缘的漂泊生活中,就说过"没有求知欲的学生,就像没有翅膀的鸟儿"这样的话,难道我们在开始航天的时代,就不需鼓起翅膀,翱翔于中外古今的知识空间吗?

五 读书是一种智慧的实现。既要以智慧读书,又要在书中读出智慧,读出深度,读出精彩,读出意义

世界上书籍之多,用汗牛充栋已不足以形容,说是浩如烟海一点也不过分。而近世以来,企图对书中知识做出种种解释的思潮流派又五花八门,这就使得读书在面对花招百出的路标时既受启发,也易陷入迷魂阵。要保持一颗纯朴的心去认知书中的原本意义,已是难乎其难的事了,戴着不止一种颜色的眼镜走进书海,难免会坠入五里雾中。

因此我提醒大家,读书要重视自己的第一印象。这是我们文学研究所老所长何其芳讲过的一句话,读书要重视第一印象。有感悟力有感觉的人,第一印象是鲜活的,抓住新鲜的思想萌芽,上下求索,推演出一个新的理论。读书要首先不淹没自己，然后才能挺直腰杆与五花八门的思潮进行创造性的对话。切不要被一些现存成见和空泛术语套住，诸如李白是浪漫主义、杜甫是现实主义等等，不要被这些大概念束缚，以致遮蔽眼睛。首先看看李白、杜甫原原本本的是什么，我读了之后首先感觉到什么。我曾经讲过一句话，李白喝酒时举杯作诗，杜甫听乐后提笔赋诗，是写给我看的，而不是写给唐人看了以后宋人看，宋人看了以后明清人看，我们的前辈又看，我只能跟在他们背后评判是非，拾人牙慧。我想起了巴尔扎克作品中的一句话："问号是开启任何一门科学的钥匙"，也想起了宋朝陆九渊的一句话："为学患无疑，疑则有进"。应该拿起这把带弯钩的问号钥匙，启动疑中求进的思想主动性，质疑自己的眼光为什么只看前人的背影，而不能站得更高一点，直接面对事物的本原和本质。我们应该直接面对杜甫和李白，面对一个个活生生的文化生命。李白昨天晚上跟我一起喝酒，他拿起酒杯就吟唱《将进酒》，高歌"君不见黄河之水天上来，奔流到海不复回"。杜甫今天上午和我一起，赴花敬定的宴席，为音乐而感动，叹息："此曲只应天上有，人间能得几回闻"。我要直接面对他们，而不是在历史层层的阻隔、术语层层的裹挟中无所作为，把自己遮蔽起来。李白、杜甫的诗，就是写给我看的，我先读了之后，得出我的印象，再来看前人怎么说的，跟他们对话。这种研究程序可以概括为四句话：超越背影，直趋本原，留住感觉，反思前贤。

朱熹讲读书要做到"三到"：心到、眼到、口到。三到中最重要的是心要到，用心灵的眼睛来读书。最要用心灵的眼睛来读的，是经典。经典是文化智慧的集合，包含着最耐人寻味的文化血脉在里面。陈垣先生对北师大历史系毕业生说过一番话：一部《论语》才多少字？一万三千七百字。一部《孟子》才多少字？三万五千四百字。都不如一张报纸的字多，你们为什么不把它好好读一遍呢？一万多字的《论语》你都没有读过，作为一个中国人，你说得过去吗？

经典是民族的文化标杆，经典可以用权威的知识来使你感受到文化的根在哪儿。我觉得，少年多读名篇，青年读大书经典，中年多读专业书，晚年读点杂书。少年记忆力好，对历代名篇多加记诵，可以终生受益。我在"文革"时候还年轻，没别的书看，就通读《资本论》《资治通鉴》《史记》《鲁迅全集》，后来搞专业研究，除了随时翻翻，很难找出专门时间把这些书通读一遍。原初读书也没抱专业意识，而是把它作为人类智慧表现形式，看伟大经典、伟大思想体系是怎样形成的，怎样展开逻辑论证的。跟着他的思路旅行一遍，读完后心灵震荡，深切地体验到什么是伟大的思想体系，什么是经典的精神力量，体验到人类的智慧、思维能达到什么程度，这就在有意无意中滋养着一种文化魄力。年轻时读一点大书，大书有大书的气象效力，这是那些装模作样、卖乖取巧的小家子气无法比拟的。我后来写书，有时一写就几十万、一百多万字，自己并没有觉得承担不起，实在说不清楚跟我早年读过几本大书有点什么关系，说没有似乎也脱不掉干系。所以，劝年轻同志读一两本大书，然后才知道什么叫经典。朱自清说过在中等以上教育里，经典训练是一个必要的项目。经典训练的价值不在实用，而在文化。有一位外国教授说阅读经典的作用就是叫人见识经典一番：见识什么叫做经典，对一个人的文化素质的根基，至关重要。

最后想讲一讲读书要重视书里书外。应该意识到，是人在读书，而不是书在读人，人是主语。因此人动书自动，人活书自活，不要让书把人的活泼泼的脑筋套成死脑筋。宋代有个批评家讲读书要知道出入法，开始时要求得怎样才能进去，最后要求得怎样才能出来。王国维《人间词话》也讲，诗人对宇宙人生（我觉得读书也是这样），须入乎其内，又须出乎其外。入乎其内故能写之，出乎其外故能观之。不要给书套住，要是读书走不出来，那跟蛀书虫差不多。读书要在哪一点上下功夫？要在不疑处生疑。大家都习以为常，能在习常之处打上问号，发现疑点，就是一种难能可贵的精神穿透能力。朱熹曾经说，读书无疑者，须教有疑，有疑者却要无疑，到这里方是长进。什么叫疑问？疑问就是问题意识、创新意识。善于提出问题、解决问题进行创新，就能在书山学海中出入自如。从书里读到书外，在书里生长出问题意识，在书外展开创造性思考。进而言之，读到书外，还有一个学以致用的问题。把经典的大书和社会人生的大书对读，这更是我们读书的目的所在，是读书的出发点和归宿点。

现场问答

问：今天，我们时代的使命——实现中华民族的伟大复兴，要求我们抓紧读书，造就一个学习型社会。尤其是电子时代的数字阅读，查找资料可以检索，许多记忆性的功夫可转向创造。在这方面您有哪些独到的做法和看法？

杨义：在一个知识时代中，知识的产生、传播、接受和更新，都在以超大规模的方式进行，人们要想跟上时代，必须不断学习。

学习不是一种一次性可以穷尽的活动，它是一种多级递增的无止境的生命过程。改革开放以来，外来知识大量涌入，让人应接不暇；对于中国本土的宏大的经验和智慧，也在不断推进，不断整理、解读和著述之中。因此，学习者要有自己的方法和立场，能够站稳脚跟，明白自己该学习什么、怎么学习，才能不落后于社会的潮流。

比如说，有人有志于某个领域，甚至打算成为专家，那么该领域中最有文化含量和思想深度的经典性著作必须读上几种，以便建立自己的知识框架、话语体系和运思空间。面临的对象愈复杂，我们愈要有自己的主体性。从目录学入手，先选出来哪些书籍要读，进一步再区分出哪些要精读，哪些可泛读。一生只读不入流的印刷物的人，是不可能进入较高的思想境界的，更不可能成为一个真正的学人。

在电子信息时代，网络确实开阔了人们的视野，把人类的神经深入到广泛的领域中，而且数字化的阅读也改变了人们的记忆方式，很多材料我们通过网络就可以找到，不必再靠一味的死记硬背。在这一点上，现在的青少年比我们这一代人幸运得多，他们应有更大的抱负。但网络毕竟是工具，创造性思维的产生必须要有一个基本的读书量做底子。底子很重要，它是托起知识大厦的基础。只有在阅读中，通过积累，把学习的知识不断转化为自身的素质，加入自己的生命体验，打好这个底子，才能在电子文本的帮助下，产生出创造性的思维，从而把思维的触角伸得更广、更深。

况且，网络文本有其自身的限制，尤其对于人文学科而言，并不是所有的文本都可以在网上找到，只有那些受众面较广的才会放到网络上面，比如说《二十四史》《十三经注疏》等等。研究者要用自己的思路梳理文化的发展脉络，就要同时关注到那些大量的、不被人注意的、没有进入网络资源的材料。没有被人注意的地方，往往是可以产生新思维的地方。在这一点上，可以看到研究者的功力。既有充分的知识积累，又能驾驭现代化的科研手段，这样才能有所作为，否则，在汹涌而来的知识大潮面前，不是随波逐流，就是被其淹没。

辑一　读书的窍门

西方的知识——尤其是人文社会科学方面的——进入中国以后，人们都感到很新鲜，但作为研究者，也要清楚，这些知识是在西方的历史传统、国情状况、文化脉络和人们的欲望中产生的，要进一步弄清它们的来龙去脉，以及为什么创造这种话语，背后都包含了哪些群体的潜意识。看清西方知识发生的过程，往往比摘取它孤零零的术语更有实质性的价值。

拿比较文学来说，法国讲影响研究，美国讲平行研究。这不仅仅是一个学术方法的问题，里面也包含了民族群体的潜意识。法国是欧洲文艺思潮的中心，更关注本民族文化的传播影响情况；美国历史较短，是影响的接受方，可以说是英国人、法国人的学生，讲影响研究，他们在文化上就难以获得独立的地位，故而提倡平行研究，思考共时性中的同异，产生了新批评等学术方法。

所以说，不光要看到是什么，还要看到为什么，知其然还要知其所以然，在不同文化的借鉴、交流和学习中，坚持一种平等对话而又自尊自重的态度。西方的知识应该充分借鉴，但又要看到它们所说的世界性是不完整的、有缺陷的世界性，要想使其完整，就要将东方智慧，尤其是中国智慧加入其中，对其进行检验、校正、补充和深化。

问：我想请问杨义老师，您刚才4次讲到"竭泽而渔"这个典故，或者说是成语，我想请教一下它的意思和出处。

答："竭泽而渔"这个成语出自《吕氏春秋》，其中记载晋文公一位谋臣的话说:"竭泽而渔,岂不获得,而明年无鱼。"主张人在处理自然关系时顺乎自然,在处理社会关系时顺乎诚信和正义。我刚才讲的是一种经过变通的意义,用这个成语来强调,要把某个领域的重要材料尽可能收集完备。这一层意义来自北师大校长、历史学家陈垣,他是广东新会人,他说过:"南方人在池塘中养鱼种,鱼长大后,将水放出,逐条取鱼,一条不漏。"意思是讲,我们研究问题,要尽可能把材料搜集完备,就像池塘的水放光而能够见底。虽然有时不可能像池塘放水捉鱼一条不漏,但总要尽心尽力搜集到尽可能完备才放心。

问:我是一位化学老师,今天听了您的报告,对我的启发很大。我有一个问题,我坚持了20多年向幼儿园、中小学生推行诵读蒙养书,从《三字经》《千家诗》开始,然后过渡到《论语》《大学》《中庸》《孟子》。您对中小学开展经典文化诵读的问题如何看待?

答:我很佩服您弘扬中华经典文化的拳拳之心。瑞典的诺贝尔曾经讲过,传播知识就是播种幸福。让更多人从小多读名篇,这对于培养他们的文化素质和志趣,对于增强文化家园的归属感都大有益处。一个文化的命运,第一看它的原创性,第二看它的共享性。一个文化如果只有少数人知道,而不渗透开来,为整个民族共享,这个文化生命力就受到严峻考验,甚至可能出现危机。对此要有忧患意识。所以我是主张青少年要读一点名篇。

将来你可以交一交这个朋友——叶嘉莹先生，南开大学中国传统文化研究所所长。她原来在加拿大是教授，加拿大皇家科学院院士，也是我们文学研究所的荣誉研究员，80岁的老人，老当益壮。她现在北京、在全国各处做经典文化普及工作。她自称"东西南北人"，以古诗为友，录了很多这方面的光盘，用古腔古调教孩子们读。她觉得古典文学诗词功夫要从小时候做起，大了后记诵的能力不够。我有一次跟她读了一首刘禹锡的诗，她就顺着我背诵起来，还纠正了我一两个字不够准确。当然现在社会商业化大潮汹涌，教育小孩读古诗文有许多困难。要注意教育方法，讲得有趣、讲得精彩，刺激小孩的求知欲和好奇心，要使小孩能够快快乐乐地进入经典文化的世界。

读书之学与讲演之术

一

读书是一缕清幽的灯光,从轻盈的书页照亮心灵的眸子,逗起了几分智慧的愉悦,闪烁着几分宁静的光辉。在此烦躁喧嚣的岁月,能够临窗披卷,也许是人们享受着回到内心的清福的一种方式。

读书可以长学问,其实它本身也是一门学问,或者不妨称之为"读书之学"。人类创造文字,已有五千年,由于知识得到有效的承传,这五千年的文明步伐远非此前的百万年所能比拟。书者,著也,著于竹帛谓之书,其字形如手握笔在方块形的竹帛金石上,画上了惊天动地的一笔。自从有了书,人类打开了精神空间的一片浩瀚无垠的新天地。人类发展自此敞开了两个天地:物质天地,精神天地,以及这两个天地相互作用的无限探索和发展的历程。书,改变了和创造了人类存在的本质和形式。

因此，读书之学，首在态度。既然书是人类保存经验、思想、情感、想象和记忆的一种基本形态，那么我们对书的态度总要存有几分敬重。对书的敬重，实际上是对人类的生存史、生命力，以及其间所蕴含的人格力量、知识分量和智慧能量的尊重。有了这份尊重，我们才能尽心读书，以此为乐，从中发现历史的亮点，分析变动的教训，寻找心灵的脉络，汲取智慧的源泉，以便脚跟踏实而元气丰沛地开拓未来的可能。读书当然要有眼光，知所选择。有千样的人，定然写出千样的书，书与书品位不一，良莠兼杂，其间的思想格调互异互殊，因而不知选择和分析的读书，只能把自己的思想变成一个烂泥潭，或一堆乱麻团。古人既说过"不读诗书形体陋"，又说过"尽信书，则不如无书"，就是有鉴于此。读书切不可死于一本书之中，而应该书书相参、思思互质，实行出入自由的文化对话和思想对撞。进而言之，还须"读万卷书，行万里路"，进行田野调查和社会调查，以实行书里书外、现实和传统的文化对话和思想对撞。这就是读书之学中由敬重到尽心、再到创造的过程性或多维互动性的态度。

杜甫诗云："读书破万卷，下笔如有神。"他讲的是诗人的学与才的关系，书至万卷，就是转益多师的意思，其间既要贯穿着若有神助的自由创造性的阅读，又要达至若有神助的消化吸收的创造性转化。不妨对这句杜诗作一些引申，用于一般人的阅读。引申的关键是读懂那个"破"字,甚至可以说,读得"破"字透,可解读书之诀窍。读书之学,通窍最为要紧。那么,这"破"字的秘密何在呢?"破"字有三重意义:一是破烂之破,把书都读烂了,喻读书之勤;二是破解之破,读书读到"打破砂锅璺(问)到底",喻读书之多思和深思;三是突破之破,读书读到如古代画家画龙点睛,破壁飞去,喻读书之有原创精神。勤、思、创,乃是读书的基本方法。宋朝以后书籍日丰,学人开始讲究读书之法。陆游《晨起》诗云:"吾家读书法,一字亦当核。"他以检验核对之细,联结着读书的勤与思。朱熹的《朱子语类》专设二卷"读书法",他认为:"读书无疑者,须教有疑。有疑者却要无疑,到这里方是长进。"他以一个"疑"字,即问题意识,贯通了思与创。又有明朝状元杨慎在《丹铅录》中记述了"苏公(轼)读书法":

> 尝有人问于苏文忠公曰:公之博洽可学乎?曰:可。吾尝读《汉书》矣,盖数过而始尽之。如治道、人物、地理、官制、兵法、货财之类,每一过专求一事,不待数过而事事精核矣,参伍错综,八面受敌,沛然应之而莫御焉。此言也,虞邵庵常举以教人,诚读书之良法也。

虞邵庵就是元朝重要的学者诗人虞集,字伯生,世称邵庵先生。杨慎这段话，是从他的《杜诗纂例序》中抄来的，也就是说，苏东坡的读书法经过虞集、杨慎这些名家之手，传至元明两朝。这是以归纳法读书，分门别类地清理典章制度的衍变脉络，并加以反复参照、多方质疑，从而使零散无序的知识化入自己的学理体制。这就是东坡诗所说的"故书不厌百回读，熟读深思子自知"了。只要读书的时候有眼光，知选择，在熟读深思、祛蔽启蒙上下功夫，就可以逐渐养成一种习惯：以书为友，可以启智慧；以书为鉴，可以审是非；以书为阶，可以辟新路。这样读书就使读书人的人生体验，以正反顺逆或断续超越种种方式，连通了写书人来自不同文化空间的人生体验，心灵为此丰富，智慧为此发光，生命为此增色。联想到金圣叹读《西厢记》到《拷红》一出，为红娘的快人快语拍案惊奇，拈出种种情景，连称三十三个"不亦快哉"！读书之乐，确实有时如金圣叹所说："推纸窗放蜂出去，不亦快哉！"

二

话说到这里，就可以解释为什么这部学术讲演集选用"读书与治学"作为书名了。这不仅由于本书篇目中有涉及"读书"、"治学"，取巧借以为书题，而且我想借近年的一系列重要的讲演，梳理一下自己的读书之学，以便使自己多一点自觉，增强读书的合理性和有效性。那篇《读书的启示及方法》，本是

2005年10月在广州中山图书馆"南国书香节"上的首场讲演，原题是《以读书开发生命》。因为在我看来，读书既是对书的生命的开发，同时也反过来是对读书人的生命的开发。这篇讲演的录音整理稿在《光明日报》的"光明论坛"上以两个版的篇幅摘要发表时，编辑建议以"启示"为题，由此引起网络的讨论和朋友的注意，也对我如何为文章起一个简明而合适的题目，给以不少的启示。"启示"一词，在《晋书》《北史》中已经出现，意思是启发提示或者通告，倒是清康熙年间的《词谱·发凡》中说："前贤著谱之心，与今日订谱之心，皆欲绍述古音，启示来学"，已经有了由启发而心悟的意思了。至于基督教《圣经》之所谓"启示"（revelation 或 apocalypse），无论宇宙启示或先知启示，多采用寓言、象征、异象的方式，向人们提示或暗示着道德训诫、真理持守和未来预报之类的神的旨意，带有宗教神秘主义的色彩。我们所说的"启示"却超越了古代，也超越了宗教，踏踏实实地回到了日常的读书生活。它把现实中人的生命与书中的生命相对证，不抱成见，直指本原，有所启示，就形成思想的可以发芽的种子。因此我之读书，极其重视第一印象，仔细寻思，不放过感觉上电光石火的闪亮。第一印象有时难免有点随意，但有时又触及少有遮蔽的本真，触及不装腔作势的实事求是，进行着人与书之间赤手空拳的智慧搏斗。当然，可以发芽的思想种子并不等于思想种子已经发芽，它已经蕴涵着一些必要的基因或原质，还需要一个培育和生长的过程。

"孵化思想"，是读书有得，获得第一印象或思想种子之后顺理成章、又须投入认真的刻苦的重要程序。首先要保持精神上的敏感，对于原始印象的闪光，甫经发现，就记录下来，不能任其稍纵即逝。据李商隐的《李长吉小传》记载，李贺出游时经常跟着一个小书僮，骑着毛驴，背上一只破旧的锦囊，能苦吟疾书，遇有所得，就写下来投到锦囊里。晚上回家，母亲让婢女接过锦囊，掏出里面书写的许多纸片，就唉声叹气说："是儿要当呕出心乃已尔！"饭后李贺从婢女那里取回字纸，研墨铺纸补写成完整的诗，投到另一个锦囊中。这则故事也被欧阳修转录到《新唐书·李贺传》中，只不过把所骑的"距驴"改成"弱马"。欧阳修自称"平生所作文章，多在三上，乃马上、枕上、厕上也"，大概也受了李贺的启发。从李贺到欧阳修写诗属文，都讲究及时把握住灵感，一般人读书要有所得，怎么可以不捕捉住第一印象的闪光？这里同样需要"呕出心乃已尔"的那份苦思疾书。

"孵化思想"的过程既要留住思想的种子，使之着床就位，进入注意的中心，又要对思想的种子加温、培土、施肥，激活它的生命，创造它茁壮成长的条件。使思想的种子土厚肥足的方法，在于搜集和调动中外古今的文化资源，从中寻找那些与之相似、相反、相关的成分，博采穷搜，直至尽可能竭泽而渔。材料的搜集与思路的清理，是齐头并进或参差进行的。其要点有三：一是在时间上排比材料的顺序，梳理某些材料元件和思想元素萌生累积、分合升降的年代脉络；二是在空间上安置思想材料的方位，考察不同文化空间中同类思想材料的承续变异、疏密偏正所隐含的文化原因；三是在论辩结构上进行逻辑推衍，追究思想材料在不同的意义层面上所组成的正反、进退、深浅、隐显的互动互补关系。如果能够在时间、空间和论辩结构上坚持不懈地进行材料搜集和思路清理，就有可能开拓出一块肥沃的文化园区，使那颗精心选择的思想种子，生气勃勃地长成一株能思考、会想象的创造性理论之树。

三

当这株能思考、会想象的理论之树长成一定的模样的时候，不妨出去讲演，与人共享读书与发现之乐，并且在答疑解惑、相互切磋之中使理论之树获得新的生长空间。讲演是讲者与听众面对面的双向交流，它不仅是给予，给予听众一同体验你读书有得的辛苦和快乐的机会，而且也是一种收获，在听众的笑声、掌声、质疑和提问中，你可以发现自己的理论创设的亮点、盲点、含混之处和可以进一步生发之处。讲演要使人听得津津有味，要把握好生动有趣和不能过分荒腔走板之间的弹性，随机发挥，当堂作答，在气氛活跃、精神亢奋之时，极易激活在正襟危坐时难以出现的奇思妙想，极易爆发出在面对质疑问难时急中生智的思想火花。这就意味着，在日常读书中步步为营的精密思路，在讲演中可能出现非常规的跳跃，其间意想不到的妙处甚至使某些百思莫解的问题豁然开朗。也就是说，某些讲演有可能在读书以"孵化思想"的过程中，加速使"思想破壳"的效应，不亦快哉！一旦品尝到这份讲演之乐，我每年都有意识地安排几次外出讲学，使自己的思想敞开几扇窗户，呼吸着来自四面八方的新鲜空气。

比如2001年10月，我在一次国际学术研讨会上提出"画出一幅比较完整的中华民族的文学或文化地图"的命题，并且以"边缘的活力"的关键词来解释少数民族文化对整个中国文化的推动作用。一年后我又在山西太原召开的"北方民族政权下的文学与文化"国际研讨会上，论证了这种"边缘活力说"：（一）它拓展和重构了中国文学的总体结构；（二）它丰富和改善了中国文学的内在特质；（三）它改变和引导了中国文学的发展轨迹；（四）它参与和营造了中国文学的时代风气。太原的发言是在火车上用黑笔和红笔勾勾描描，写出坯子，又受会议的气氛和对话的感动启发而形成讲稿的。由此发挥的"边缘的活力"的关键词，引起了少数民族文学研究界相当广泛的兴趣，并被一些论证"保护非物质文化遗产"的文章所采用。

历次讲演的命题，追随着读书和著述的进展而推移，我是不愿意徒作空言或重复套话的。据说任继愈先生对国家图书馆的"文津讲坛"作过交代，务必请各个领域有专门研究的人来讲，并点名要我去讲李白和杜甫。这实在是对我的莫大鼓励。

李白和杜甫，是我关于诗学的系列讲演的对象。我曾经提倡具有中国特色的"生命——文化——感悟"的多维诗学，以生命诗学为内核，以文化诗学为肌理，由感悟诗学加以元气贯穿，综合成一个完整、丰富、活跃的有机整体。由于有学者和我商榷，我就借在英国剑桥大学当客座教授之机，普查了1970余种英文诗学著作，并在江西南昌的两所大学讲了《认识诗学》。在这个系列中，我还讲了屈原和陆游，在兼顾生命诗学和感悟诗学的同时，侧重于文学地理学角度的探讨。

既然把读书、著述和讲演看做一个互为表里、互相启示的过程，那么它们在一段时期必然围绕着一个中心，凝聚若干焦点，照亮几个问题。一路走来，山一程，水一程，程程照亮。由于讲演的过程性，每个讲演题目自身有一个不断调理、补充、丰富而趋于相对完善的发展变化。我并非讲演天才，性格还有点内向，因而一个题目的讲演往往要讲过三番五次，才略感得心应手，才宜于录音整理，形成文字。同时讲演的过程和读书、著述的过程互有参差，并非一致，这就形成了讲演的不同形态。讲演处在读书、著述过程的前中期者，属于探索型的讲演；处于读书、著述过程的后期者，属于总结型的讲演；处于两个或两个以上的读书、著述过程的交叉期者，就应该称作综合型的讲演了。以上述的诗学讲演为界，我前期讲演较少，主要是潜下心来，大量读书，刻苦著述，修练内功。那时的讲演大体上围绕着我读书著述的结果，讲中国现代小说史、古代小说史，以及由此衍生出来的中国叙事学，属于总结型的讲演。直到2001年5月，我还在美国的耶鲁大学、哈佛大学讲《中国叙事学的文化阐释》，引起海外学人的极大兴趣。在哈佛的讲演，由于上午参观人类学博物馆，中午由朋友陪同吃饭，下午匆匆赶去开讲，忘记了带讲演提纲，就临时找来一个信封写了一二三四几行提纲，讲了一个半小时。又应听众的要求，讲了一个小时的"中国少数民族史诗的叙事"。由于是总结型的讲演，此前已读过数以千计的古今文史叙事文献，写过二百余万字的五部专著，因而未带讲稿也不妨碍旁征博引，讲出一些能够与西方理论进行深层对话的中国学问学理。

四

1996年我向国家社会科学基金申请了"中国古典文学图志"的项目，同年又在福建师范大学讲了"中国现代学术方法通论"五讲。后者是我几年前在英国牛津访学，读过王国维、陈寅恪、闻一多的学术著作，加上研究现代文学时较为熟悉的梁启超、胡适、鲁迅、朱自清等人的材料，想借学术史的材料做方法论的文章。讲演中有一些活泼的思想，至于系统性和深刻性是谈不上的，只能称作探索型的讲演，借此激活我在同一领域继续探索的思路，或者说在进一步探索的过程中绷上几根一触即响的弦。两年后，我出任文学研究所所长，兼任少数民族文学研究所所长，开始大量接触少数民族文学与文化的材料，并在一些会议上讲演《格萨尔王传》《蒙古秘史》和北方民族文学的"边缘的活力"。这些都是探索型的讲演，从中华民族多元一体的文化共同体的立场上，考察具体的少数民族文学作品的身份、特质和功能。至此，我已经身不由己地进入了读书、著述、讲演多条线索相互纠结的综合研究状态，往往在讲演一个领域的问题时，其他领域的材料和思路也会不安本分地跳出来，与你不依不饶地纠缠，使我有时难免心力交瘁。

所幸的是这多条线索纠缠尽管纠缠，但它们都是渊源有自，并非无端滋事。比如古典文学图志的设想，并非凭空而生，我在1992年就开始了新文学图志的探索，把文学作品和原始报刊的插图当做蕴涵着丰富的信息量，有时比一些文字更会说话的原始材料来对待，并且从图画与文字的互文性上，创设了"以史带图，由图出史，图史互动"的文学图志学写作模式。更何况古典文学图志立项不久，我就普查了大英图书馆等国外著名图书馆数以万计的中文典籍，并在全国各地对古代作家的遗址遗迹、行踪和族谱，进行广泛的田野调查和图片搜集。同时，对于不同学术文化领域的相互沟通、转移、融合的内在逻辑的处理，也积累了一些经验和心得。比如从现代小说史转移到古典小说史的贯通研究，从古今小说史深入到与国际对话的叙事学的学理深化研究，从叙事学拓展到诗学的宏观学理追问的研究，直到把汉语诗文小说戏剧文献与少数民族民间口头传统和文献传统的比较参证、互动互补的研究，都陆续做了一些兼顾材料和思想的探讨功夫。本人自知，知识有限，却长期保持着探索新领域的奥秘的强烈欲望，并且坚持通过著述和讲演，对新获得的知识进行清理、记忆和巩固。这个时期的讲演，多是探索型和综合型的。比较重要的讲演是2003年在剑桥大学讲《重绘中国文学地图》，身在国外，虽然可以借助中文藏书以历史学和考古学见长的剑桥大学图书馆，但对于少数民族文学的阐发，则是多凭记忆，这方面的材料和思想是听者较感新鲜有趣的。后来又在北京大学全国文学博士精品班和苏州大学讲演过，直到2004年秋冬之际，在南开大学和江西师范大学讲演后才略感可以，遂将录音整理修订为《重绘中国文学地图与中国文学的民族学、地理学问题》《重绘中国文学地图的文化学、图志学问题》两篇文字。此后，"文学地图"、"文学图志"一类词语，在报刊、网络和文化书籍中逐渐多了起来。

历时十年，终于到了《中国古典文学图志》《现代中国学术方法通论》两个项目，进入定稿结项的时候。我的方法论意识似乎变得更为浓郁，甚至有点走火入魔，想从方法论的角度反思自己多年学术研究的成败得失。2006年5月我到浙江义乌市进行文化国情调查，应浙江师范大学梅新林先生之邀，讲了《文学研究古今贯通的方法论问题》。随之又应复旦大学章培恒、陈思和先生之邀，讲了同一题目，由于三百听众都是各领域的专家和博士生，我援引古今文献也就格外卖力。这个题目后来又在湖南师范大学讲演一场，并录音整理成章。章培恒先生还指定我专门讲一场《关于文学地理学问题》。2006年冬，文学所的一位年轻的研究员到南方参加一次比较文学的会议，回来告诉我，会上颇有几位外国文学专家感慨中国人研究文学史只讲汉族，不讲少数民族，引起他当场与之发生激烈的争论，希望他们好好读一读本所所长近年的系列文章和《中国古典文学图志》。这位同事有感而发地建议我，多到各地讲一讲"重绘中国文学地图"的命题。本来在这年的夏秋之间，我曾在中央电视台的主持人论坛和中国社会科学院研究生院的讲坛上，讲过《重绘中国文学地图的方法论问题》，引起了不仅是文学领域，而且包括哲学、史学和经济学领域的博士生们的浓厚兴趣，在讲坛上下与我热烈地讨论不同学科的融会贯通的可能性。适好岁末有个出访台北"中研院"的机会，同事的建议言犹在耳，我就乘返程经香港入境之便，在深圳大学、惠州学院、华南师范大学、中山大学和暨南大学，就"重绘中国文学地图"的方法论问题连讲了五场，听众颇感新鲜，他们中的不少人也许是第一次听到把汉语文学与少数民族文学、书面文学与口传文学多维合观的讲演，证明我的同事的建议其言不虚。五场讲演的环境和听众不同，用语用例和随意发挥自然也有许多差异。讲演不能刻板地照本宣科，须有添油加醋，打趣逗乐和妙语飞来的地方。我对此虽不能臻于化境，却也尽力为之，以免失去与听众的互动，辜负听众的期待。有心者不妨调阅一下中山大学名家论坛网站对我讲演的述要,对照根据北京讲演录音整理而成的《重绘中国文学地图的方法论问题》,题目虽同,但版本已相去甚远了。

如果说我的讲演有什么追求,那只不过是对听众尽心,对学术尽心,对中国文化尽心而已。这或许就是讲演之术的生命所在。

辑二

治学的途径

学海苍茫,敢问路在何方?
——治学的五条路径

一 眼学和耳学之辩

学问是一个汪洋大海,苍茫无际,深不可测;但有时学问又是薄薄的一层纸,一点就破。问题是如此诡异,关键在于方法。方法是进行有效性的学术研究,能否在茫茫无际中点破窗户纸的不可或缺的重要手段。从方法论上说,治学有五条路;"五路治学"的标举,与章太炎先生的一个说法有关。1924年章太炎批评当时的大学教育只重"耳学",就是指用耳朵去听讲的这路学问,而不重"眼学",不读原始著作。章太炎的原话是:"不寻其根抵,专重耳学,遗弃眼学,卒令学者所知,不能出于讲义。"[1] 他提出学问首先要用眼学,读原始经典。他是把眼学作为进入学术的第一法门。

---

[1] 章太炎:《救学弊论》,《章太炎文选》,上海远东出版社1996年7月版,第541页。

其实，学术途径很多，除了眼学、耳学之外，起码还有"手学"，要用手去找材料；有"脚学"，读万卷书，行万里路，用脚去作田野调查；此外还应该有"心学"，潜心体验、辨析、思考，实现学理上的开拓和创造。应以心灵头脑来统筹调动手、脚、眼、耳之学，才能够把学问做深、做透、做大。总而言之，做学问有五个路径：眼学、耳学、手学、脚学、心学。

眼学是做学问的基础，就是要多读原始文献和经典，回到中国文化原点。人们常说，眼睛是心灵的窗户。眼睛居于大脑的前方，成为人类观察世界、摄取知识的最重要的器官，据统计，眼睛作为从外部世界获得信息的重要通道，它获取的外部世界的信息量，约占人类感知这个世界的十之七八。所谓"耳听为虚，眼见为实"，眼睛除了目验事物之外，还可以考察事物的各种细节，使之释放出文字以外的更多信息。任何一个想把自己的学问做得扎实牢靠的学者，都应该以眼学对文本和材料亲自经目，于此建立真功夫或硬功夫。这就是东汉王充讲的："须任耳目以定情实"[1]。眼学具体来说，又包括卷地毯式、打深井式、砌台阶和设计园林式四种方法。

一是卷地毯的方法，根据研究题目，按照阅读书目把作家著作和相关材料，逐一阅读，发现问题就进一步追踪线索。比如我写《中国现代小说史》就采取这个方法，通读了五四以后

---

[1] 黄晖：《论衡校释》卷第二十六，中华书局1990年版，第1084页。

三十年间的小说2000余种，而不仅仅只读代表作家的代表作品。通过卷地毯的阅读，就可以分辨出作家的异同，流派的组合分散，时代风气的发生、发展和蜕变，理出材料的层次，认识到它们的独特性和整体性。这样就可以把握全局，把握诸多细节在全局中的意义。发现问题，就可以和作家及其后人通信请教，甚至难得的孤本书也可以在作家私藏中获得阅读的机会。比如五四女作家凌叔华的父亲凌福彭，有的海内外词条，说他是保定知府。知府以上的官职，在《清代职官年表》中是有反映的，一查就发现，他是光绪乙未科的进士，当过直隶布政使、顺天府尹，也就是北京市市长。再依据他的籍贯，查光绪年间编修的《番禺县续志》即可明白凌叔华的曾祖父、祖父有些什么记载。这些信息，我曾经致函旅居伦敦的凌叔华，她回函说，不少材料她也是第一次听说，又叙说了晚年的生活处境。

　　二是打深井式阅读，选一个比较小的难题或学术空白点，穷尽所有资料。研究文学史的人或许知道：楚辞无梅，杜诗无海棠。王安石《赋梅花》诗云："少陵为尔牵诗兴，可是无心赋海棠。"①苏东坡贬谪到黄州，以文章游戏三昧，黄州歌妓李宜，色艺都好，但别的歌妓都在酒席上得到过苏东坡的诗曲，只有她未能获得，很丢面子。苏东坡要离开的时候，她就在告别宴席上求诗，哀鸣力请，带有几分酒意的苏东坡就赋诗一首："东坡居士文名久，

---

① 傅璇琮等编：《全宋诗》，北京大学出版社1995年版，第6630页。

何事无言及李宜。恰似西川杜工部，海棠虽好不吟诗。"[1]王安石、苏轼的诗都拿"杜诗无海棠"来说事。杜甫在成都和夔州居留了将近十年，蜀中素有"香海棠国"之誉，海棠的花事甚是有名。为何他不写海棠，这就成了令人迷惑的问题。宋人就说：杜甫的母亲小名海棠，因此杜甫忌讳写海棠。事情果真如此吗？这是找不到证据的推测，宋元时期就有人怀疑它是穿凿之论。李渔《闲情偶寄》也做了调侃："王禹偁《诗话》云：'杜子美避地蜀中，未尝有一诗及海棠，以其生母名海棠也。'生母名海棠，予空疏未得其考，然恐子美即善吟，亦不能物物咏到。一诗偶遗，即使后人议及父母。甚矣，才子之难为也。鼎革以前，吾乡杜姓者，其家海棠绝胜，予岁岁纵览，未尝或遗。尝赠以诗云：'此花不比别花来，题破东君着意培。不怪少陵无赠句，多情偏向杜家开。'似可为少陵解嘲。"[2]难题的解决，需要搜集材料，加深对唐宋时期海棠意象的发生学考察。杜诗无海棠，李白诗也无海棠，韩愈、柳宗元、元稹、白居易诗也无海棠。盛中唐时期，只有王维做了一首《左掖梨花》诗："闲洒阶边草，轻随箔外风。黄莺弄不足，衔入未央宫。"[3]《文苑英华》把它的题目改为"海棠花"，《全唐诗》卷一二八说："一作海棠。与丘为、皇甫冉同作。"[4]也就是王

---

[1] 傅璇琮等编：《全宋诗》，北京大学出版社1995年版，第9622页。
[2] 李渔：《闲情偶寄》，杜书瀛评注，中华书局2007年版，第239页。
[3] 彭定求等编：《全唐诗》，中华书局1999年版，第1303页。
[4] 彭定求等编：《全唐诗》，中华书局1999年版，第1303页。

维和这两位同事，在宫城正门的左边小门的门下省值班，一起唱和，但是当时的海棠，还叫"梨花"或"海棠梨"。

海棠意象进入诗词，是在中晚唐，王建《宫词一百首》第92首说："元是我王金弹子，海棠花下打流莺。"①这份情境非常秀美，但只是情境，还不能说是意象。到了晚唐的薛能、郑谷、韩偓、温庭筠之辈，才逐渐把海棠意象写火了。如郑谷《蜀中三首》："扬雄宅在唯乔木，杜甫台荒绝旧邻。却共海棠花有约，数年留滞不归人。"②又有"吟残荔枝雨，咏彻海棠春"③这类诗句。薛能于唐末咸通七年作《海棠》诗序说："蜀海棠有闻而诗无闻，杜工部子美于斯有之矣，得非兴象不出，殁而有怀。何天之厚余，获此遗遇，谨不敢让，用当其无。因赋五言一章二十句，学陈梁之紫，媲汉魏之朱，不以彼物择其功，不以陈言踵其序。或其人之适此，有若韩宣子者，风雅尽在蜀矣，吾其庶几。"④宋人更是把海棠做大了，宋真宗御制后苑杂花十题，以海棠为首章，赐近臣唱和，可知海棠足与牡丹抗衡。最有名的是苏轼的《海棠》诗："东风袅袅泛崇光，香雾空濛月转廊。只恐夜深花睡去，故烧高烛照红妆。"⑤从杜甫的"海棠虽好不吟诗"，到苏东坡的"故烧高烛照红妆"，中国诗中的海棠意象生长发育

---

① 彭定求等编：《全唐诗》，中华书局1999年版，第3443页。
② 彭定求等编：《全唐诗》，中华书局1999年版，第7806页。
③ 彭定求等编：《全唐诗》，中华书局1999年版，第7823页。
④ 陈尚君辑：《全唐诗补编》，中华书局1992年版，第1170—1171页。
⑤ 傅璇琮等编《全宋诗》，北京大学出版社1995年版，第9332页。

三百年，终于成为一个姣好清丽的名花意象。盛唐人重视的意象，是苍鹰、骏马、牡丹，是崇高遒劲、英姿勃勃的意象；中晚唐以后，诗人的情感转向细腻缠绵，略带几分感伤，因而娇美的海棠也就成了情感寄托的极佳选择。这个历史时段，正是词的文体逐渐成长，进入诗学中心的时期。从这种意义上说，曲子词是诗歌领域的海棠，海棠是名花意象中的曲子词。意象生成史，折射着诗人的精神史。

成都杜甫草堂之杜甫雕像

"读书破万卷,下笔如有神"。杜工部 [清]上官周绘

辑二 治学的途径

三是砌台阶式阅读，将整体性的学术设想进行规划，分成若干台阶，分阶段完成。起步的研究应该成为下一步研究的基础，逐层递进，有如"接力跑"，有如"三级跳"。把一系列的研究成果，通过其内在的有机联系，格局互补，共构成一个总体的大分量。比如，我以十年研究现代小说史，接着以三四年研究古代小说，又在古今贯通的基础上进行西方叙事学著作的阅读，在中西对证中进行理论思辨，形成中国叙事学的基本框架和思路。这就在十五六年间，陆续写出《中国现代小说史》三卷、《中国古典小说史论》《中国叙事学》三部前后铺设台阶、后先相互映照的总体学术格局。

然而学术的轨道，并不总是逐级推进，径情直遂的，它存在着许多曲折、许多回环、许多变数。这就引导接续式的阅读，出现第四种方式，就是设计园林式，错落有致，迂回曲折，着眼总体的布局。从台阶式到园林式，就是从时间维度转换为空间维度，蕴含着学术理念和方法论维度的本质性的更新。中国园林将人工美融合于自然美之中，"虽由人作，宛自天开"。清人钱泳《履园丛话》说："造园如作诗文，必使曲折有法，前后呼应，最忌堆砌，最忌错杂，方称佳构。"[①]园林中假山湖水，花草树木，以及亭台楼阁堂榭，采取借景、分景和隔景的方法，布置成小桥流水，曲径通幽，景随步移，每步都转出一个别具一格的风景，

[①] 钱泳：《履园丛话》，中华书局1979年版，第545页。

在有限的空间中,创造出无限的意境来。我在叙事学研究之后,转入诗学研究,写了《楚辞诗学》《李杜诗学》,已经是我开始担任中国社会科学院文学研究所所长,兼少数民族文学研究所所长的时候了。本来叙事学、诗学的转移,是文体性的,或智慧形式的转换;但是由汉语文学延展到少数民族文学,就是文学空间意识的巨大拓展了。这就需要提出"重绘中国文学地图"的命题,及对文学进行民族学、地理学的研究。在文学地图的多种风光中,既要"隔景",进行专题研究,又要"分景",在每个景物中分辨出它们的位置性的价值,比如提出黄河文明与长江文明的"太极推移",探讨巴蜀文化和吴越文化这两个"太极眼",提出格萨尔属于"江河源文明"等等。这些都需要景随步移,以清新的眼光注视各种各样的风景,在特定空间定位定性中,开发出无限的文化意义来。

耳学就是听讲之学。听课有助于拓展视野和交流思想。如果不参与思想交流,就很容易陷入闭门造车的孤陋状态,陷入《礼记·学记》所说的"独学而无友,则孤陋而寡闻"[1]的困境。听研究有素的老师讲学,能使我们获得扎实的知识、敏锐的思想,或者新鲜的研究方法,以及相邻学科领域的关联。思想是要共享的,碰撞才能够擦出思想火花。听一些有真知灼见的讲座,能让我们思想活跃,从旁的学科或者其他的研究者那里得

---

[1] 郑玄注、孔颖达疏:《礼记正义》卷三十六,阮元校刻本。

到新的角度，拓展整个知识背景和思想的维度。比如文学研究所的老所长何其芳在1960年代，与中国人民大学合办文学理论班，就遍请全国的名家来讲课。本来文学所是有相当出色的戏曲研究专家的，但他花了飞机票，专门从广州的中山大学把王季思教授请来讲课。主要的不是要学生在一堂课中学到多少知识，而是使学生都能亲炙名家的风采。实际上，一堂精深的讲座，有两三个同学，在一两个问题是有所触动，启动他们的思想发条，甚至影响他们一段时间的学术关注，就是很大的成功。所谓"百世之师难遇，亲炙为荣"[1]，"古人所以贵亲炙之也"[2]。亲炙，意思是亲近而受熏炙，亲听名家讲座，是短暂的亲炙；长时间的亲炙，指进入名师之门受教诲，那就会深层次地影响你的学术方向、方法和风格了。

但是，我们不要忘记，中国古代有"耳食"一词，用耳朵来吃东西，怎么能够消化呢，轻信传闻，不加思考，只能让一些似是而非的知识蹂躏自己的脑袋。这就是章太炎对大学教育只重耳学，发出不满的批评的原因。有眼学，没有耳学，学问容易变得简陋；有耳学没有眼学，学问容易流于空浮，要将眼、耳之学结合起来，相互补充，相互促进。古代有一个词，就是"耳视"，以耳视物。《列子·仲尼篇》"老聃之弟子有亢仓子者，得聃之道，能以耳视而目听。……亢仓子曰：'传之者妄。我能视听不

---

[1] 赵鼎臣：《竹隐畸士集》卷十，四库全书本。
[2] 陈荣捷：《近思录详注集评》，华东师范大学出版社2007年版，第122页。

用耳目，不能易耳目之用。'"亢仓子又说："我体合于心，心合于气，气合于神，神合于无。其有介然之有，唯然之音，虽远在八荒之外，近在眉睫之内，来干我者，我必知之。乃不知是我七孔四支之所觉，心腹六脏之知，其自知而已矣。"① 这个能耐实在匪夷所思，以心气神运行于有无之间，达到了不仅是七窍、四肢的感觉，而且兼及五脏六腑的认知，都浑然一体地沟通起来。在《文子·道德篇》中，还记载了老子的另一个弟子文子向老子问道。老子回答说："学问不精，听道不深。凡听者，将以达智也，将以成行也，将以致功名也，不精不明，不深不达。故上学以神听，中学以心听，下学以耳听。以耳听者，学在皮肤；以心听者，学在肌肉；以神听者，学在骨髓。故听之不深，即知之不明；知之不明，即不能尽其精；不能尽其精，即行之不成。"② 听讲演，是存在着不同的层次的，有"耳听"、"心听"、"神听"之别。听到的讲演只停留在耳朵上，是容易成为耳边风的；它必须通过生理上的耳朵，进入到心理上、精神上的心和神的深层次，才能变成刻骨铭心的记忆。听一次讲演之后，应该进行整理和反刍，与自己原有的思想意识进行对质，如果能够由此获得一两点刻骨铭心的启发，日积月累，就可提升自己的知识水平和思想能力。

---

① 杨伯峻：《列子集释》，中华书局1985年版，第117—119页。
② 王利器：《文子疏义》，中华书局2000年版，第218页。

二 手学和脚学兼用

手学是一门古老的做学问的方法，就是要勤于动手找材料，勤于动手做笔记，不断地在一段时间按照特定的目标，逐层深化地积累材料。材料是分散在各处的，靠你用一条、两条线索把它们贯串起来。经过贯串的材料，才是有联系的材料，联系就是材料意义的新发现。西汉刘向的《说苑·政理篇》说："夫耳闻之不如目见之，目见之不如足践之，足践之不如手辨之。"[1]以脚去践行，以手去分辨，是耳闻、目见这两个认识过程的延伸和深化。用手找材料，存在着一个分辨的过程。古代的出版与流通不方便，很多人做学问都要去藏书阁抄书，抄什么书，是整本抄，还是摘录式、提要式来抄，这都要分辨。韩愈在《后汉三贤赞》中说："王充者何？……师事班彪，家贫无书。阅书于肆，市肆是游。一见诵忆，遂通众流。闭门潜思，《论衡》以修。"[2]这种"阅书于肆，市肆是游"的阅读，既是通览，又有选择。现代有计算机浏览和存储的便利，但以笔记来积累素材的方式还是非常重要。在抄的过程中加深记忆，梳理脉络，深化体验，这也是一种做学问的古老方法。张之洞说过：读十遍不如抄一遍。

---

[1] 刘向：《说苑校证》，向宗鲁校证，中华书局1987年版，第158页。
[2] 韩愈：《韩昌黎文集校注》，马其昶校注，上海古籍出版社1986年版，第59页。

蚕马故事

比如"蚕马"的故事,集中地反映了古代中国的蚕神崇拜。中国是发明蚕丝的国家,考古发现,大概五千年前,先民已经知道利用蚕丝。到了商代,蚕丝业已很发达,甲骨文已有"桑"、"蚕"、"丝"、"帛"以及"丝"字旁的许多字。因此对蚕神崇拜的研究,可以透视中国风俗思想的某种原型及轨迹。这就需要我们动手搜集散布各种文献和考古发现中的材料,包括上古神话、诸子百家到现代的新诗的相关文献,从中追溯到这个母题的精神谱系,通过做笔记或卡片,梳理出其中变化的层次。较早而又较完整的蚕神崇拜材料,出自东晋干宝的《搜神记》的记载,它说太古的时候,有一位父亲出外征战,家里只留下一个女儿,养着一匹公马。女儿孤身一人,精神苦闷,就对那匹马开玩笑地说:"如果你能帮我把父亲接回来,我就嫁给你。"马听了这话,就发起性子,挣断缰绳,一直奔跑到父亲那里,父亲见马心喜,就骑上了马。马回望来路,悲鸣不已。父亲感到大概是家中有什么变故,就急忙骑马回来了。为了感谢那匹公马,特意精心饲养。谁料公马却不吃不喝,等着成其好事,每次看到姑娘出入,都兴奋得又蹦又跳。父亲感到奇怪,暗自追问女儿。女儿就一五一十都告诉父亲,必是由于先前戏言的缘故。父亲就说:"别对外说了,恐怕有辱家门,也不要到处走动了。"于是埋伏弓箭手,射杀公马,把马皮晾在院子里。父亲再度外出,女儿和邻居女孩在马皮附近玩,还用脚踹着马皮说:"你是畜生,还想娶人当媳妇吗?招惹杀身剥皮,干啥自找苦头!"话还没说完，只见马皮腾空而起，卷着姑娘奔跑。邻居女孩害怕，不敢搭救，跑去告诉女儿的父亲，父亲回来寻找，已经不知去向。过了几天，发现就在大桑树那里，姑娘和马皮化成了蚕，吐丝在树上，蚕丝粗壮，和平常的蚕不同。邻近妇女取回饲养，收获几倍蚕丝。因此把这种树叫做"桑"，桑者，丧也。从此百姓争着养蚕，就是现在养的那种。这实际上是古代蚕神崇拜的神话，蚕神是女儿神，马首搭配少女柔软的身子。

荀子创造了赋的隐语形式，专门为礼、知、云、蚕、针作赋，"蚕赋"中称赞蚕丝"功被天下，为万世文"，是"身女好而头马首者与"，"食桑而吐丝，……蛹以为母，蛾以为父"[1]。在有限的几则赋中，就专门有一篇蚕赋，可见蚕丝业的重要性和普遍性。其中讲了蚕是女身和马首的结合，这是中国古民的一种原始想象。因此《周礼·夏官·马质》郑玄注中，引用《蚕书》说："蚕为龙精，月直大火，则浴其种，是蚕与马同气。"贾公彦疏解为："蚕与马同气者，以其俱取大火，是同气也。"[2]这里把先民的原始想象，与宇宙精气联系起来了。蚕神的形象，《山海经·海外北经》描绘成"欧丝"女子，"欧丝之野在大踵东，一女子跪据树欧丝"[3]，以吐丝作为这个女儿神的特征，这种联系是非常原始的。

---

[1] 王先谦：《荀子集解》，中华书局1988年版，第477—479页。
[2] 郑玄注，贾公彦疏：《周礼注疏》卷三十，阮元校刻本。
[3] 郝懿行：《山海经笺疏》卷八，巴蜀书社1985年版。

其后民间宗教渗入蚕神信仰，就称呼蚕神为马头娘、马明王、马明菩萨、蚕花娘娘。《太平广记》卷四七九引《原化传拾遗》说："蚕女者，当高辛帝时，蜀地未立君长，无所统摄。其人聚族而居，递相侵噬。蚕女旧迹，今在广汉，不知其姓氏。其父为邻邦掠去，已逾年，唯所乘之马犹在。女念父隔绝，或废饮食，其母慰抚之。因告誓于众曰：'有得父还者，以此女嫁之。'部下之人，唯闻其誓，无能致父归者。马闻其言，惊跃振迅，绝其拘绊而去。数日，父乃乘马归。自此马嘶鸣，不肯饮龁。父问其故，母以誓众之言白之。父曰：'誓于人，不誓于马。安有配人而偶非类乎？能脱我于难，功亦大矣。所誓之言，不可行也。'马愈跑，父怒，射杀之，曝其皮于庭。女行过其侧，马皮蹶然而起，卷女飞去。旬日，皮复栖于桑树之上。女化为蚕，食桑叶，吐丝成茧，以衣被于人间。父母悔恨，念之不已。忽见蚕女，乘流云，驾此马，侍卫数十人，自天而下。谓父母曰：'太上以我孝能致身，心不忘义，授以九宫仙嫔之任，长生于天矣，无复忆念也。'乃冲虚而去。今家在什邡、绵竹、德阳三县界。每岁祈蚕者，四方云集，皆获灵应。宫观诸化，塑女子之像，披马皮，谓之马头娘，以祈蚕桑焉。稽圣赋曰'安有女，感彼死马，化为蚕虫，衣被天下是也。'"[1]这则记载，前半近于《搜神记》，而多了一个母亲；后半则把神话衍变为仙话，给蚕神起名为"马头娘"。

---

[1] 李昉等编《太平广记》，中华书局1986年版，第3945页。

蚕神崇拜被神仙化的材料，散布于唐宋以后的各种笔记和类书。宋人戴埴的《鼠璞》有"蚕马同本"条目，说："唐《乘异集》载：蜀中寺观多塑女人披马皮，谓马头娘，以祈蚕。"①明代郎瑛《七修类稿》卷十九则记载："《皇图要记》曰：伏羲化蚕为丝，又黄帝四妃西陵氏始养蚕为丝，而干宝《搜神记》以为古有远征者女……化蚕。故《乘异集》载：蜀中寺观，多塑女人披马皮，谓之马头娘，以祈蚕也。予意化蚕之说荒唐，而西陵氏养蚕者为是，但世远不可稽也。若干宝所记，但因马头娘一事，遂驾空而神其说。所谓马头娘者，本荀子《蚕赋》'身女好而头马首者欤'一句。……但蚕乃马精所化，故古人禁原蚕，恐伤马也。白殭蚕擦马齿，马即不食，可见矣。欲祀其神，古者后妃享先蚕。先蚕，天驷也，非马之精而何？汉旧仪又曰：'蚕神，苑窳妇人，寓氏公主。据此，则始于西陵氏可知，故世以蚕为妇人之业也。'"②由此蚕神庙也散布于朝野各地。明人张岱《西湖梦寻》卷二说，杭州西湖西路"北高峰在灵隐寺后，石磴数百级，曲折三十六湾。山半有马明王庙，春日祈蚕者咸往焉。"③

五四以后的新诗，形式上借鉴西方，但蚕神依然留下灿烂的身影。冯至1925年写成《蚕马》一诗，共有三叠120行1400

---

① 戴埴：《鼠璞》，百川学海本。
② 郎瑛：《七修类稿》卷十九，清刻本。
③ 张岱：《西湖梦寻》，中华书局2007年版，第148页。

余字,是被朱自清誉为新诗中"堪称独步"的四部叙事诗之一。冯至的《蚕马》分三叠来书写,每段开头的咏叹调,属于第一个叙事层次,抒写一个青年弹着琴、对心上人表达爱情。他从早春唱到春末,从"溪旁开遍了红花",唱到"蚕儿正在三眠",一直唱到"黄色的蘼芜已经凋残","蚕儿正在织茧"。他所唱的属于第二个叙事层次,是源自《搜神记》的少女化蚕的故事,古今映照,是那么忧伤,又是那么热烈。那位射杀公马的父亲再度远离之后,"壁上悬挂着一件马皮,是她唯一的伴侣",在她的孤寂恐惧中,马皮里发出沉重的语声:"亲爱的姑娘,你不要凄凉,不要恐惧!我愿生生世世保护你,保护着你的身体!"这就使"她的心儿怦怦,发儿悚悚;电光射透了她的全身,皮又随着雷声闪动"。弹唱的青年最后说:"我的琴弦已断;我惴惴地坐在你的窗前,要唱完最后的一段,一霎时风雨都停住,皓月收了雷和电;马皮裹住了她的身体,月光中变成了雪白的蚕茧!"从远古到现代,蚕神被神仙化、民俗化之后,又被心理化和人性化了。但它作为原型意象,都以小小的吐丝之蚕,连结着女儿与骏马。在这番材料穿越中,手学及于先秦到现代,博采诸子注疏、志怪书、地方志及五四新诗,既选择之,又统辑之,实在有心灵手巧之妙。

脚学指的是田野调查。古人做学问的一个传统,叫做"读万卷书,行万里路"。清人龚自珍赠送给魏源的楹帖,就是:"读万卷书,行万里路;综一代典,成一家言。"我主张文学研究也要做田野调查，迈开双脚走到了历史曾经发生的现场，身临其境地领略文学文本产生的空间，作者生存的环境，体验其胸次豁然而得江山之助，心与境会的妙处。同时，可以获得地方文人编撰很多资料、书籍、图册，这是一般的书店、图书馆都没有的。包括那里搜集到的族谱、碑文、建筑风格等等，都会启发新鲜独到的思路，而且使这些思路连通"地气"。例如，到曾巩故居查看族谱，发现曾家与王安石家有亲戚关系，这就对他们的"变法"的立场，以及王安石变法和司马光反正的南北家族背景，有了更深切的认识。我到河南、陕西、山西、山东、江苏、江西去过几十趟，去过很多文化遗址，把人文地理引入文学研究，能够穿越历史从现场里面去思考很多问题，还搜集了很多地方文献，包括族谱、家谱和民间故事。

研究古典小说史的时候，我接触到一位"古今女将第一"的人物。这就是清代褚人获《隋唐演义》第一回所说，隋朝起兵伐陈，"其时各处未定州郡，分遣各总兵督兵征服。川蜀、荆楚、吴赵、云贵，皆归版图，天下复统于一。惟岭南未有所附，数郡共奉高凉郡石龙夫人冼氏为主。夫人陈阳春太守冯宝之妻，冯仆之母也。闻隋破陈，夫人亲自起兵，保全四境，筑城拒守，众号'圣母'，谓其城曰'夫人城'。隋遣柱国韦洸，安抚岭外。夫人拒之，洸不得进。晋王遣陈主遗夫人书，谕以国亡，使之归隋。夫人得书，集首领数千人，尽日恸哭，北面拜谢后，始遣其孙（冯）盎，率众迎洸入广州。夫人亲披甲胄，乘介马，张

辑二　治学的途径　　179

锦伞，引毂骑卫从，载诏书称使者，宣谕朝廷德意，历十余州，所至皆降。凡得州三十，郡一百，县四百。封益为仪同三司，册夫人为宋康郡太夫人，……智勇福寿，四者俱全。年八十余而终，称古今女将第一。"①想不到两三年后，我回家乡广东省电白县参加荔枝节，竟发现这位"古今女将第一"，是电白县山兜村人。她的坟地很大，墓碑基座的赑屃之大，可能只有南越王才能承受。墓地旁边有"娘娘庙"，前墙的砖石从下往上分别呈现隋唐、宋元、明清几个朝代的建筑风格。我又查了一些地方志材料，知道冼太夫人就是《北史》和《隋书》中专门有传的"谯国夫人"。

郑振铎1931年写的《梅村乐府二种跋》中说："《临春阁》《通天台》杂剧二种，吴伟业撰。……伟业诗文负一时重望，诗与钱谦益、龚鼎孳并称江左三大家。所作于诗文集外，有《秣陵春》传奇一种及《临春阁》等杂剧二种，诸剧皆作于国亡之后，故幽愤慷慨，寄寓极深。《临春阁》本于《隋书·谯国夫人传》，以谯国夫人冼氏为主，而写江南亡国之恨。陈氏之亡，论者每归咎于张丽华诸女宠，伟业力翻旧案，深为丽华鸣不平，此剧或即为福王亡国之写照欤。以'毕竟妇人家难决雌雄，则愿你决雌雄的放出个男儿勇'云云为结语，盖骂尽当时见敌则退之诸悍将怯兵矣。"②值得注意的是，吴梅村的《临春阁》杂剧，

---

① 褚人获：《隋唐演义》，华夏出版社2008年版，第8页。
② 郑振铎：《中国文学研究》，《郑振铎全集》第四卷，花山文艺出版社1998年版，第732页。

写冼太夫人起兵勤王，有"岭南道、岭北道各州刺史进见"；及"缅甸国、扶南国、真腊国使臣禀谒"。这说明冼太夫人作为岭南少数民族女将军，认同中原王朝政权，使隋唐建国只在北方开疆拓土，几乎不须在岭南用兵，她对于国家的统一和隋唐盛世的出现，发挥了无以代替的重要作用。

冼太夫人是见于正史记载的真实存在的来自少数民族的女大将军，并非花木兰、穆桂英多是民间想象虚构。这是应该引起研究中华民族共同体发生发展的文史学者的高度重视的。由此查阅《隋书》卷八十："谯国夫人者，高凉冼氏之女也。世为南越首领，跨据山洞，部落十馀万家。夫人幼贤明，多筹略，在父母家，抚循部众，能行军用师，压服诸越。每劝亲族为善，由是信义结于本乡。越人之俗，好相攻击，夫人兄南梁州刺史挺，恃其富强，侵掠傍郡，岭表苦之。夫人多所规谏，由是怨隙止息，海南、儋耳归附者千余洞。……后遇陈国亡，岭南未有所附，数郡共奉夫人，号为圣母，保境安民。……晋王广遣陈主遗夫人书，谕以国亡，令其归化，并以犀杖及兵符为信，夫人见杖，验知陈亡，集首领数千，尽日恸哭。遣其孙魂帅众迎洗，入至广州，岭南悉定。"[①]《北史》卷九十一与此略同，记载"谯国夫人冼氏者，高凉人也。世为南越首领，部落十余万家。夫人幼贤明，在父母家，抚循部众，能行军用师，压服诸越。每劝宗族

---

① 魏征、令狐德棻：《隋书》，中华书局1982年版，第1800—1802页。

为善，由是信义结于本乡。越人俗好相攻击，夫人兄南梁州刺史挺恃其富强，侵掠傍郡，岭表苦之。夫人多所规谏，由是怨隙止息，海南儋耳归附者千余洞"[1]云云。司马光《资治通鉴》卷一百七十七记隋文帝开皇十年（公元590年）冼太夫人平定番禺夷王仲宣的叛乱，救援广州；后来番州诸俚、獠多亡叛，冼太夫人代表朝廷招抚宣慰，十余州的俚、獠少数民族都归顺了。从地方志材料中可知，冼太夫人以八十高龄招抚宣慰海南岛的少数民族，死在海南岛，该岛至今还有娘娘庙二百余座。她对海南岛的回归和南中国海的开发，做出了历史性的贡献。当她从海南岛归葬电白的山兜之原时，路上竖立起一排帆形的石柱，石柱至今犹存。

对于这样的真实的女大将军，其后的笔记、小说、兵书都有记述，如宋代《太平广记》卷二七〇"妇人类"，明代赵钺《晏林子》卷五，冯梦龙《智囊》"闺智部"，唐顺之《武编》，均有记述，多少根据正史加以演绎。清初屈大均《广东新语》卷八则追述俚人部族在西汉时期的踪迹："冼氏，一在尉佗时，保障高凉，有威德。其知名又在侧、贰之先，故论越女之贤者，以冼氏为首。冼氏，高州人，身长七尺，兼三人之力。两乳长二尺余，当暑远行，两乳辄搭肩上。秦末，五岭丧乱，冼氏集兵保境，蛮酋不敢侵轶。及赵佗称王，冼氏乃赍军装物用二百担入觐，

---

[1] 李延寿：《北史》，中华书局1974年版，第3005页。

佗大欢悦，与论时政及兵法，智辩纵横，莫能折。乃委其治高梁，恩威振物，邻郡赖之。今南道多冼姓，皆其枝流云。"这就追踪了八百年前冼氏部族的踪迹，然后再叙述冼太夫人在南朝梁、陈及隋朝的势力和功绩，谓"夫人智勇兼备，至老未尝败衄，每战辄锦伞宝幰，敌望见以为神，诸蛮皆称锦伞夫人"①。李调元的《南越笔记》卷四记载："冼夫人庙在高州。……其家世为南越首领，辖部落十余万。……罗州刺史冯融闻其贤，为子宝求娶焉。侯景反，高州刺史李迁仕召宝，冼止之曰：'刺史无故不当召，欲邀君共反耳。'既而迁仕果反，冼自将千余人袭击，大破之，遂与陈霸先会于赣右。……及隋继陈，隋高祖遣韦洸安抚岭外，冼因陈主遗之书，令其归化，遂遣孙暄迎洸，岭南遂安。未几，番禺王仲宣反，又遣孙盎进兵攻破仲宣。冼被甲领彀骑巡抚诸州。高祖异之，册为谯国夫人。"②

尤为可贵的是冼太夫人在南朝、隋朝开创的这个认同中原政权的传统，成了她的将门家族的传统。《资治通鉴》卷一百九十记载，唐高祖武德五年（公元622年）秋，冼太夫人之孙"隋汉阳太守冯盎承李靖檄，帅所部来降，以其地为高、罗、春、白、崖、儋、林、振八州，以盎为高州总管，封耿国公。先是，或说盎曰：'唐始定中原，未能及远，公所领二十馀州地，已广于赵佗，宜自称南越王。'盎曰：'吾家居此五世矣，为牧伯

---

① 屈大均：《广东新语》，中华书局1985年版，第256页，第257页。
② 李调元：《南越笔记》，广陵书社2003年版，第207—208页。

者不出吾门，富贵极矣。常惧不克负荷，为先人羞，敢效赵佗自王一方乎！'遂来降。于是岭南悉平。"①唐人吴兢《贞观政要》卷九记载："贞观初，岭南诸州奏言高州酋帅冯盎、谈殿，阻兵反叛。诏将军蔺暮发江、岭数十州兵讨之。秘书监魏徵谏曰：'中国初定，疮痍未复，岭南瘴疠，山川阻深，兵远难继，疾疫或起，若不如意，悔不可追。且冯盎若反，即须及中国未宁，……此则反形未成，无容动众。陛下既未遣使人就彼观察，即来朝谒，恐不见明。今若遣使，分明晓谕，必不劳师旅，自致阙庭。'太宗从之，岭表悉定。……太宗曰：'初，岭南诸州盛言盎反，朕必欲讨之，魏徵频谏，以为但怀之以德，必不讨自来。既从其计，遂得岭表无事，不劳而定，胜于十万之师。'"②《资治通鉴》卷一百九十三又记载，贞观五年（公元631年）"高州总管冯盎入朝。未几，罗窦诸洞獠反，敕盎帅部落二万，为诸军前锋。獠数万人，屯据险要，诸军不得进。盎持弩谓左右曰：'尽吾此矢，足知胜负矣。'连发七矢，中七人。獠皆走，因纵兵乘之，斩首千馀级。上美其功，前后赏赐，不可胜数。盎所居地方二千里，奴婢万馀人，珍货充积。然为治勤明，所部爱之。"③因而清人屈大均《广东新语》卷七说："冯盎者亟以二十州县归唐，皆

---

① 司马光：《资治通鉴》，中华书局1976年版，第5953页。
② 吴兢：《贞观政要》，上海古籍出版社1984年版，第260页。
③ 司马光：《资治通鉴》，中华书局1976年版，第6092页。

可谓能知天命者也。"[1]这个家族在武则天朝,被诬告谋反而遭灭门之灾,孑余者据说有高力士。《新唐书》卷二百七说:"高力士,冯盎曾孙也。圣历初(公元698年),岭南讨击使李千里上二阉儿,曰金刚,曰力士,武后以其强悟,敕给事左右。坐累逐出之,中人高延福养为子,故冒其姓。"[2]据阮元考证,杨贵妃好吃荔枝,与高力士有关,电白荔枝中有"妃子笑"品种。这就是杜牧《过华清宫》绝句所形容的:"长安回望绣成堆,山顶千门次第开。一骑红尘妃子笑,无人知是荔枝来。"[3]以脚学丈量土地的脉搏,可以发现许多被疏忽或遮蔽了的大地精魂,从而使我们重绘的中国文学及文化地图变得更加丰富充实,连通深沉丰沛的地气,展示广阔苍茫的地理空间,这是非常有魅力的历史命题。

三 心学是最终的关键

心学指的是要用心去感受、体验研究对象,思考和发现其内在的生命及意义,达到超越性的学理上有所建树的效果。《孟子·告子上》:"心之官则思,思则得之,不思则不得也。"[4]心学

---

[1] 屈大均:《广东新语》,中华书局1985年版,第221页。
[2] 欧阳修、宋祁:《新唐书》,中华书局1975年版,第5858页。
[3] 彭定求等编:《全唐诗》,中华书局1999年版,第7823页。
[4] 朱熹:《四书集注》,中华书局1983年版,第335页。

讲究的就是"思则得",发挥心思的功能是个关键。所以朱熹《论语集注》注解《为政篇》子曰"学而不思则罔,思而不学则殆",就说:"不求诸心,故昏而无得;不习其事,故危而不安。"又引程子的话:"博学、审问、慎思、明辨、笃行五者,废其一,非学也。"[①]博、审、慎、明、笃五个字,就是用心运思的五种方式。

这里有两个原则值得注意,一是要重视第一印象,对所读的书有了第一印象有所感悟之后,会产生新的思想萌芽,这些萌芽可能跟原来的一些解释不同,这就出现了对话的空间,其中蕴含着超越前人进行创造性思维的可能性。如果能够这样,就可以打破"矮子观场"局面,野地看戏,高个子站在前面,矮个子被挡在后面,后面的并没有看见戏台上的表演,看见前面在喝彩,就跟着前面的人喝彩。在学术上这样做,必然会养成人云亦云,以讹传讹的成见和陋习。清代纳兰性德的《原诗》一文,讽刺当时诗人随风倒的从众心理,说是:"十年前之诗人,皆唐之诗人也,必嗤点夫宋。近年来之诗人,皆宋之诗人也,必嗤点夫唐。万户同声,千车一辙。其始,亦因一二聪明才智之士,深恶积习,欲辟新机,意见孤行,排众独出。而一时附和之家,吠声四起。善者,为新丰之鸡犬;不善者,为鲍老之衣冠。向之意见孤行、排众独出者,又成积习矣。盖俗学无基,迎风欲仆,随踵而立,故其于诗也,如矮子观场,随人喜怒,而不知

---

① 朱熹:《四书集注》,中华书局1983年版,第57页。

自有之面目，宁不悲哉！"①因此直接面对原始经典，得出自己的第一印象，然后再反过头来与前人的解读进行对话，是排除"矮子观场"之弊的重要方法。

比如杜甫的七绝，以《赠花卿》最是脍炙人口："锦城丝管日纷纷，半入江风半入云。此曲只应天上有，人间能得几回闻？"②由于有"千家注杜"的说法，前面已经有许多高个子发表过对这首诗的说法了。明朝正德年间的状元公杨慎在《升庵诗话》卷十三就说："杜子美七言绝近百，锦城妓女独唱其《赠花卿》一首，……盖花卿在蜀，颇僭用天子礼乐，子美作此讽之，而意在言外，最得诗人之旨。"③明朝万历年间的状元公焦竑因循了杨慎的说法，认为"花卿恃功骄傲。杜公此诗讥其僭用天子礼乐也，而含蓄不露，有风人言之无罪，闻之者足以戒之旨。公之绝句百馀首，此为之冠"。与此二人相前后还有一个科场不甚得意，学问却下过一番功夫的胡应麟，他在《艺林学山》中说："杜子美七言绝近百，当时妓女独唱其《赠花卿》一首，……盖花卿在蜀，颇僭用天子礼乐，子美作此讽之，而意在言外，最得诗人之旨。当时妓女独以此诗入歌，亦有见哉。杜子美诗诸体皆有绝妙者，独绝句本无所解，而近世乃效之而废诸家，是其

---

① 纳兰性德：《纳兰性德诗集诗论笺注》，马乃骝、寇宗基编注，山西人民出版社1988年，第209页。
② 彭定求等编：《全唐诗》，中华书局1999年版，第5997页。
③ 杨慎：《升庵诗话》卷十三，丁福保辑本。

真识冥契犹在唐世妓人之下乎？"① 竟然全部抄袭杨慎的意见，反而嘲讽别人的见解"犹在唐世妓人之下"。这种意见由明清及于近代，已经成了反复沿袭的成见。所谓"僭用天子礼乐"之说，乃是古人有忠君情结，又拘于礼乐等阶制度的见解。

一旦解除忠君情结和礼乐制度的焦虑，直接面对《赠花卿》这首清新美妙的七绝，就会感受到杜甫的写作心理是轻松的，明朗的，并无焦灼忧郁之气。此前杜甫还写过一首《戏作花卿歌》："成都猛将有花卿，学语小儿知姓名。用如快鹘风火生，见贼唯多身始轻"②，花卿是如此大名鼎鼎，用兵是如此迅雷不及掩耳。他的刚猛令人惊心动魄："子章髑髅血模糊，手提掷还崔大夫"，杜甫称赞"人道我卿绝世无"，并且反问："既称绝世无，天子何不唤取守京都？"③ 他竟然在质问"天子"为何不起用这样的绝世将才，去把守京都，平定安史之乱？在严武尚未到成都当节度使之前，流寓成都的杜甫未免有点类乎"骑驴三十载，旅食京华春"的落拓感，戏作歌诗向大名鼎鼎的花敬定将军表达好感，是可以理解的。这位将军大人看到有这么一位老诗人在夸奖自己，就摆设歌舞盛宴招待他，如果此时杜甫被盛情款待，却写诗讥讽主人"僭越"了礼乐制度，那简直就是违背常情，故意闹别扭了。

---

① 胡应麟：《少室山房笔丛》，中华书局1958年版，第259页。
② 彭定求等编：《全唐诗》，中华书局1999年版，第2311页。
③ 彭定求等编：《全唐诗》，中华书局1999年版，第2312页。

对于杜甫这首诗的理解，应该将之置于更为宏大的唐诗演变脉络中加以考察。根据《旧唐书·音乐志》的记载，"（唐）玄宗又于听政之暇，教太常乐工子弟三百人为丝竹之戏，音响齐发，有一声误，玄宗必觉而正之。号为皇帝弟子，又云梨园弟子，以置院近于禁苑之梨园"①。梨园子弟和极其辉煌的音乐，是大唐盛世的一个标志。安史之乱后，"梨园弟子，半已奔亡。乐府歌章，咸皆丧坠"②。因此诗人往往以梨园弟子的流散，对于无可挽回地衰落破败下去的开元天宝盛世，奉献上一曲哀婉的挽歌。本来"此曲只应天上有"，只能在长安梨园听见，"人间能得几回闻"，我竟在成都的宴席上听见了，盛唐的衰败已是不堪回首。思维方式相似的杜诗，还有《观公孙大娘弟子舞剑器行》，它回忆当年长安的乐舞："昔有佳人公孙氏，一舞剑器动四方。观者如山色沮丧，天地为之久低昂。……先帝侍女八千人，公孙剑器初第一"；谁曾想"五十年间似反掌，风尘倾动昏王室。梨园子弟散如烟……"③。而我又在"瞿唐石城草萧瑟"的白帝城，观看到公孙大娘的弟子"妙舞此曲神扬扬"呢，因此只能在"乐极哀来月东出"的时候，发出一声"感时抚事增惋伤"的长长叹息了。想不到数年后又在更遥远的地方，遇上当年梨园唱歌第一，善打羯鼓的李龟年，"明皇时，张野狐觱篥，

---

① 刘昫等：《旧唐书》，中华书局1975年版，第1051页。
② 段安节：《乐府杂录》，《唐宋史料笔记》，中华书局2012年版，第113页。
③ 彭定求等编：《全唐诗》，中华书局1999年版，第2361页。

辑二　治学的途径

雷海青琵琶，李龟年唱歌，公孙大娘舞剑"①并列竞美，后来也流落江南，在地方官员的酒席上唱唱王维所作的"红豆生南国，春来发几枝。赠君多采撷，此物最相思"②一类梨园名曲了。因此杜甫又写了《江南逢李龟年》："岐王宅里寻常见，崔九堂前几度闻。正是江南好风景，落花时节又逢君。"③这也是怀念已经失落了的光荣盛唐的绝唱，令人感慨于"弹尽凄凉天宝曲，江南愁杀李龟年"④了。这种借梨园之音怀念盛唐的沉没，在中晚唐不绝如缕，形成一个传统，如白居易《长恨歌》的"梨园子弟白发新"，《琵琶行》的"同是天涯沦落人"，又有《梨园弟子》诗云："白头垂泪话梨园，五十年前雨露恩。莫问华清今日事，满山红叶锁宫门。"⑤它们都是杜甫"此曲只应天上有，人间能得几回闻？"的回响，而杜甫在这首《赠花卿》实际上开拓了一个以梨园音乐怀念失落了的盛唐的诗歌传统。由此可知，心学是真诚之学，以心学观诗，须以吾心与诗心直接对撞，撞出实际存在过的生命之真来。

心学的另一个原则，是对文本材料获得第一感觉之后，强化感悟和思辨的互动互渗，寻找自己可能的创造空间，深度开发材料内蕴的生命表达和意义密码。《周易·系辞下》说："《易》

---

① 曾慥：《类说》卷四十一，明天启六年岳钟秀重刊本。
② 彭定求等编：《全唐诗》，中华书局1999年版，第1304页。
③ 彭定求等编：《全唐诗》，中华书局1999年版，第2559页。
④ 沈德潜：《清诗别裁集》，河北人民出版社1997年版，第587页。
⑤ 彭定求等编：《全唐诗》，中华书局1999年版，第4966页。

之为书也,原始要终,以为质也。"①清人王念孙《读书杂志》认为,"质,本也。"②这就是说,原始要终,要求学者从事理的本原处入手,寻其根脉枝叶,使学理发现能够进入生命的过程和存在的本质。在原始要终这一点上,本人有切身的体会。在撰写《韩非子还原》之前,本人把各种版本的《韩非子》读过五遍,在读前三遍时没有找到感觉,也就是说,我感觉到的,前人也感觉到了,不能以独到的角度切入事物的原本,建立自己创造性的体系,也就没有必要再写什么了。就在精神焦虑至极的时候,一天早上我坐在案前遐思,突然觉得"如击石火,似闪电光",豁然开朗。然后再读第五遍,将材料重新梳理思考。

我想到了《韩非子》两次记载的一个神秘人物:堂谿公。一是《外储说右上》所载:"堂谿公谓昭侯曰:'今有千金之玉卮而无当,可以盛水乎?'昭候曰:'不可。''有瓦器而不漏,可以盛酒乎?'昭候曰:'可。'对曰:'夫瓦器,至贱也,不漏,可以盛酒。虽有千金之玉卮,至贵而无当,漏,不可盛水,则人孰注浆哉?今为人之主而漏其群臣之语,是犹无当之玉卮也。虽有圣智,莫尽其术,为其漏也。'"③这里堂谿公自比价廉物美的不漏的瓦罐,可以为国君保守机密;而那些贵值千金的玉杯却漏酒,使国君的权术都泄露出去了。韩昭侯于公元前362—

---

① 《周易》,岳麓书社2002年版,第369页。
② 王念孙:《读书杂志》第十一册,北京市中国书店1985年版,第96页。
③ 王先慎:《韩非子集解》,中华书局2003年版,第321页。

前333年在位，堂谿公是瓦罐，并非贵族，他起码要二十五六岁以上才能见到韩昭侯，那么即便见面在韩昭侯最后一年，他的生年应在公元前358年以前。然而《韩非子·问田篇》记载堂谿公对韩非说："臣闻服礼辞让，全之术也。修行退智，遂之道也。今先生立法术，设度数，臣窃以为危于身而殆于躯。何以效之？所闻先生术曰：'楚不用吴起而削乱，秦行商君而富彊，二子之言已当矣，然而吴起支解而商君车裂者，不逢世遇主之患也。'逢遇不可必也，患祸不可斥也，夫舍乎全遂之道而肆乎危殆之行，窃为先生无取焉。"[1]根据我的考证，韩非大概生于韩襄王末年（公元前296年），那么他二十岁时，堂谿公已经八十二岁，也就是说，堂谿公是在韩非二十岁左右与他对话的，不然，年岁不饶人了。而堂谿公与韩昭侯对话的思路，是附和死去不久的韩相申不害的思路的；与韩非的对话却针对青年韩非推崇商鞅、吴起的法家思想，可能招致杀身之祸，而劝他接受"服礼辞让"、"修行退智"的"全遂之道"，这带有明显的黄老之术的意味。

这就使得我们有必要对堂谿公的身世，寻其根脉。《左传》鲁定公五年（公元前505年）记载，吴王阖闾率师攻入楚国首都后，秦国发兵救楚，这年九月，阖闾之弟夫概先回吴国，自立为王，被阖闾打败，逃亡到楚国，被安置在堂谿，他的子孙也就

---

[1] 王先慎：《韩非子集解》，中华书局2003年版，第396页。

以堂谿作为姓氏。这条材料也被《史记·吴太伯世家》和《楚世家》采用了。从夫概封于堂谿,到《韩非子》的堂谿公,已经近二百年,起码是夫概的六世孙了。东汉王符《潜夫论》卷九说:"阖闾之弟夫槩王奔楚堂谿,因以为氏。……堂谿,谿谷名也,在汝南西平。"①堂谿古城,春秋属楚,战国属韩,地在今河南省西平县西。此地往东是老子家乡鹿邑县,往西是范蠡的家乡南阳市,这一带是黄老道的发祥地。

考证清楚这一点,对于《韩非子》具有原始要终的关键性。它说明,韩非受堂谿公的启发,于二十岁前后关注黄老之术,写成《解老》《喻老》二篇。这就使《史记·韩非列传》所说的"韩非者,韩之诸公子也。喜刑名法术之学,而其归本于黄老"②,得到落实。首先,我们发现,《解老》《喻老》对《老子》篇章的诠释,都是从《德经》诸章开始的,占引述《老子》篇章的八成五;然后才诠释《道经》诸章,只占一成五。因此可以判断,韩非研读的《老子》,是《德经》部分在前,《道经》部分在后,与今本不同,属于黄老之术的系统。其次,《解老》《喻老》与韩非成熟期对法、术、势为核心的思想体系,存在着一些值得注意的差异。胡适等人以此断定,《解老》《喻老》"另是一人所作",不是韩非的作品。但是一个思想家二十岁时的思想,怎么可能与四五十岁时完全一致呢?探索,是思想家趋向成熟和深刻

---

① 王符:《潜夫论》卷九,述古堂影宋写本。
② 司马迁:《史记》,中华书局1959年版,第2146页。

辑二 治学的途径

的基本手段，从这个意义上说，思想家是一个过程，没有过程，就没有思想家。韩非是韩国诸公子，他早年的正规教育不能摒弃诗书礼乐；同时申不害掺杂着法术和黄老的学问，是韩国的"国学"，他钻研黄老的青年期，夹杂着这些思想元素，不足为怪。当我们在《解老》《喻老》中，清理出对儒家核心概念、对历史人物评价尺度、关于民心民智思想、关于国家社会家庭伦理的思想态度，存在着与他晚期核心思想的不同。又发现这些不同在前中期文章里，存在着逐渐蜕变的现象，我们就可以把《韩非子》五十五篇，进行早期、前期、中期偏前、中期偏后、后期、晚期的大体编年划分。思想的生命，生长在过程之中。韩非因汲取黄老而使法家变杂，却又因汲取黄老而使法家变大，他由此而成为法家集大成式的思想家。心学是为了寻找研究者存在的空间、原创的空间。心学强调思辨与感悟的融通，直接掘进事物之原本，探赜索隐，尽究精微，开拓原创之可能。

"治学五路径"的提出，旨趣在于充分调动和激发研究者主体的感觉思想能量，多渠道、多角度、多层面地打开研究对象的本源、特征，及其皱褶、脉络。虽然对于"五学"，前面是分而言之，但是掌握"五学"，更重要的是对之综合运用，多维互参，实现材料的博采与学科的综合，将学问推向新的境界。眼学的特点在于明，耳学的特点在于聪，手学的特点在于勤，脚学的特点在于实，心学的特点在于创。五学的综合效应，就是明、聪、勤、实、创的综合为用，讲究实事求是，天道酬勤，聪明敏悟，达至原创。创造性，是一切研究之魂。天赐人类五官具备，是需要灵魂来统领的，为什么不以追求创造的灵魂把它们充分调动起来呢？清人赵翼对史籍中多种感官并用，作了梳理，指出《北齐书》："唐邕手作文书，口且处分，耳予听受，此三官并用也。"《南史》："宋刘穆之目览词义，手答笺牍，耳行听受，口并酬应，不相参涉，悉皆赡举，此四官并用也。"《隋书》："刘炫能左画圆，右画方，口诵、目数、耳听，五事同举，此五官并用也。"① 既然多种感官在日常生活中能够配合使用，那么它们在更深广的范围内的综合使用，就具备起码的生理学基础。

清人徐珂《清稗类钞》记载："萧山毛西河检讨奇龄，生有异禀，能五官并用。尝以右手改弟子课作，左手拨算珠，耳听弟子背诵经书，目视小僮浇花，口又答弟子之问难，间与其妇诟谇焉，不稍紊也。"② 这一传闻，也被易宗夔在民国年间出版的《新世说》所记述，说毛奇龄"少有异禀，读书过目不忘。在京师时，尝僦居屋三间，左右庋图史、寓眷属，而中为客次。先生日著书其间，笔不停挥，请业者环坐，问随答，井井无一误。夫人在室中时或诟詈，公复还诟之，殆五官并用者。……琉球使者过杭州，以兼金购文集，且求见公，其名动海外若此。"③ 五官并用，是一种勤勉，将勤勉转化为创造，还须激活五官五学的深

---

① 赵翼：《陔馀丛考》，商务印书馆1957年版，第877页。
② 徐珂：《清稗类钞》，中华书局1984年版，第3413页。
③ 易宗夔：《新世说》卷二，台湾文海出版社1968年版，第18页。

辑二 治学的途径

层功能。如果不调动和激活深层功能，就可能落入忙忙碌碌的事务主义，如晚清吴趼人《俏皮话》中所调侃的："一人无论办何事，必躬必亲，一人独任，绝不肯假手他人。一日诸事麇集，几至调排不开。而此人遂忙甚，手做、口说、眼视、耳听、心想、脚行，五官并用，四体不停。因告人曰：'我今日忙极，连吃饭睡觉的工夫都没有。'或曰：'何不请人代劳？'此人曰：'做事岂可请人作代？或者请一个人代我吃饭，或代我睡觉，倒可以商量。'"① 五官并用需要创造性的灵魂加以调配和节制。灵魂需要沉观默察，不可手忙脚乱，才能透过繁芜的现象，窥见事物的本质在微笑，令人有会于心，原始要终，直抵本原。

毋庸置疑，五学并举是一个复杂的系统工程。这种综合性方法论思路牵动了多学科的知识领域，应用得好，就颇有一点经纬天地，错综群艺的效应。这令人联想到《周易·系辞上》所说："参伍以变，错综其数，通其变，遂成天下之文；极其数，遂定天下之象。非天下之至变，其孰能与于此？"② 朱熹言《易》，有"参伍以变错综其数说"，他是这样说的："参，以三数之也。伍，以五数之也，如云'什伍其民'，如云'或相什伯'，非直为三与五而已也。盖纪数之法，以三数之，则遇五而齐；以五数之，则遇三而会。……《易》所谓三伍以变者，盖言或以三数而变之，或以伍数而变之，前后多寡更相反复，以不齐而要其

---

① 吴趼人：《俏皮话》，蒋氏心矩斋校本。
② 《周易》，岳麓书社2002年版，第336页。

齐。……然错综自是两事,错者杂而互之也,综者条而理之也,参伍错综又各是一事。参伍所以通之,其治之也简而疏;错综所以极之,其治之也繁而密。"[1]三条思路或五条思路各自变化,又互相汇合,反复纠结。对复杂的事物关系加以条理,整治繁密而归于疏简,要言不烦地对复杂的事物关系加以贯通,揭示千头万绪、千变万化的事物关系和发展过程的内在通则。如此探究,把握通则而揭示本原,出现"风云会处千寻出,日月中时八面明"[2]的境界。

然而这种宏观的方法论操作的系统工程,在具体运用的时候,又是可以分析,或者拆解的。应该注意到,五学路数的参伍错综,可以形成多种多样的组合方式,有时以一种方法为主,其他方法起着辅助的作用,甚至潜伏待机,从而使方法组合达到恰到好处,极其有效的结果。这样才可能有针对性地突破常规,出奇制胜,选准新的学术生长点和学术生长程序。如果不找准突破口,连学术方向都茫无头绪,就无法发挥自己的长处并弥补前人的不足,结果很可能是勤奋读书一辈子也没有跨入学术门槛,登堂入室。因而研究的视野要开阔,思路要有大模样,例如,对待历史上最有成就的清朝学问,既要看到它在文献、文字、版本、辑佚等领域的精深建树,看到清初学术之大、乾嘉学术之精、晚清学术之变,同时也要提高胆识,揭示清朝学问在

---

[1] 朱熹:《朱熹文集》卷五十四,明嘉靖十一年福州府学本。
[2] 彭定求等编:《全唐诗》,中华书局1999年版,第7764页。

民族问题、民间问题和考古材料方面的不足。反思前代学术的缺陷,是为了给当代学术寻找创造的空间。《礼记·学记》有一句话:"知不足,然后能自反也。"①这个"反",可以同《老子》四十章"反者道之动"相参照。学术的开拓,往往需要在相反的方向着力,如果这个相反方向是以往学术的薄弱环节,就会收到事半功倍的效果。学术研究最怕抬头不起,转身不得,这就需要我们掌握新的学术制高点。在前人的丰厚成果面前,"竿头更进"和"竿头转身",都是具有学术战略意义的。要"百尺竿头,更进一步",固然困难,但是这种困难还可以有所借鉴。至于讲到"百寻竿上转身难",那么这里的难度就在于新的学术姿态,新的思想方法的发明,才能在竿头高处转向开拓前人未曾注意的领域,发前人所未发。《入楞伽经》卷一说:"智者如是观:一切诸境界,转身得妙身,是即佛菩提。"②竿头转身,是可以激发学术五途径重新组合的潜力的。尤其是在知识的全球化和多样化背景中,五学并举的综合效应,由于登高望远,摆脱遮蔽,就可以得到成倍的放大,就会使在各种思想思潮的对撞中迸射出创造新思想的火花。建立现代大国的学术风范,既是非常之事业,就须在总览中外、贯通古今中,启动五学综合这种非常的方法论,"竿头更进"亦可,"竿头转身"亦何妨,抛弃拾人牙慧的猥琐,磨锐辨析疑义的眼光,增强解释经典的能力,

---

① 郑玄注、孔颖达疏:《礼记正义》卷三十六,阮元校刻本。
② 菩提留支译:《入楞伽经》卷一,大正藏本。

构筑一种可以和当代世界进行平等的深度对话的学理体系和话语体系。在这种非常的学术事业上,治学的五条路子,可以条条都成为洒满阳光的百货集散的通衢大道。

（2008年4月在深圳大学、中山大学的讲演,
2014年1月整理补充）

治学路上的足迹和心迹
——答《中国教育网》主持人

主持人：我们知道杨教授目前在澳门大学担任讲座教授，可否谈谈您的近况和规划？

杨义：2009年7月，我从中国社会科学院文学研究所、民族文学研究所的所长岗位退下来，心无旁骛，只是一门心思阅读先秦两汉经籍文献，潜下心来把诸子学研究搞得更精深。当时并没有想到要加盟澳门大学。然而在2009年12月20日澳门大学横琴校区奠基典礼上，胡锦涛主席寄语澳门大学要办成世界一流大学，具有一流设施、一流师资、一流人才、一流成果之后，澳门大学加大了在全球招聘杰出师资人才的力度，以便巩固扩大师资队伍和教研力量。经过海内外同行的评议，聘请我出任中文讲座教授，于2010年8月到任。

我是广东人，会讲粤语，澳门的气候、食品、习俗都有益于我的身体健康。澳门大学对人文学术非常重视，为我的研究创造了很好的条件。我现在在澳门大学社会科学及人文学院中文系，为研究生讲授"学术前沿"课程，具体是讲述最新学术成果和学术方法。以后准备讲"古典文学研究方法论"和"诸子学"课程，侧重在先秦两汉。选这门课的研究生挺多的。我今年准备招收几个博士后学者，进行"南中国海历史文化研究"，因为中国的近代化进程是从南中国海开始的，随之中国与亚洲崛起，人们将会发现，葡萄牙人、荷兰人发现东方具有同哥伦布发现新大陆同等重要的世界史意义。我还要招收几位博士生，研究方向是先秦文学与文化、古代诗词及古典文献的研究。

最近主要是作"先秦诸子还原研究"，已经发表了六七篇长篇论文。最近将要在中华书局出版"先秦诸子还原"中的四种：《老子还原》《庄子还原》《墨子还原》《韩非子还原》，大概有90多万字。其余如《论语》《孟子》《荀子》《孙子兵法》《吕氏春秋》等，也发表过一些相关研究文章，或有些存稿。这项研究已进行多年，我还会继续做下去。

主持人：您认为澳门大学与内地的大学有哪些不同之处？澳门大学及那里的学生给您的印象如何？

杨义：澳门大学处在中西文化交汇的前沿地带，学风活跃，思想敏锐。在澳门大学，英语用于教学很常见。学校课程实行三文（中、英、葡文）、四语（普通话、粤语、英语、葡语）。教学用语的多样，意味着办学思想的开放性。这里的学生思想活跃，来自海内外的讲座非常多，课外活动也丰富多彩。澳门大学的教师大都有国外学历,或者是外籍学者,这使得澳门大学与国际学术界、教育界联系密切。中文系各个分支学科,都有知名学者,总体的科研教学实力相当可观。学校为了上档次、创一流,陆续推出一些大举措。学校领导对于重要学者非常尊重,想方设法发挥他们的作用,很少出现打官腔或官僚气。这种尊重和支持,有可能使我的学术顺利地进入一个新的黄金时代。

澳门大学的学生视野开阔,外文和电脑水平较高,对西方学术思潮,尤其是本学科的新方法了解较多。学生尊重老师,视野的开放性,思想上的创新欲望都非常强烈,并且学习努力。但是,我觉得,他们应该更浑厚一些。在博士生和博士后学者招收方面,只要利用好这里的优惠条件,是可以在全国网罗一批突出人才的,这一点已经初露端倪,这对将学校办成著名学府是很有作用的。澳门不是学术的"中原",也不是学术的"边缘",而是学术的"前沿"。前沿的价值,在于敏锐地感应学术新潮,率先开展学术创新,迸发出璀璨的学术思想火花,发挥启迪和开拓的作用。只要学校坚持创一流的宗旨,不久的将来,有可能在思想学术界形成各个领域的"澳门学派",刮起一股强劲的"澳门风"。

主持人: 以下问一些网友关注的学术方面的问题。对于被称为"新一代治小说史、文学史的第一人",您觉得怎么理解文学界给您的这个称呼?"一人做了我们需要一个研究所做的工作",您当初怎么会有如此魄力,想独自编写《中国现代小说史》这样一套书？

杨义：撰写《中国现代小说史》的时候，我刚拿到硕士学位，只是助理研究员，可以说是一个初出茅庐的学者。初到中国社会科学院文学研究所工作，想用一个略大一点的项目，强迫着自己系统地阅读现代文学的原版书刊。就像一个农家子弟，认认真真地耕种一亩二分地，只事耕耘，不计收获，看到田垄上长出一行行的幼苗，心里就高兴。农家子弟不怕吃苦，一本本地读书，一本本地做笔记。读完一个作家再读另一个作家，心无旁骛，毫不松懈。十年坚持下来，就读了两千多种原版书刊。读得多了，每个作家、每个流派的特性和变化轨迹，也就渐渐地了然于心。以此建构起来的现代文学发展的总体结构，是经得起时间的考验的。

在写作中，还自觉不自觉地运用了文学地理学的方法，比如对京派海派的研究，对东北作家群、四川作家群（尤其是以万余字写李劼人）、华南作家群，对台湾文学、东北华北沦陷区文学、孤岛文学等地域文化的区分，都在作家与乡土地域的关系上下了功夫，使文学研究联通地气。同时对废名、萧乾、李劼人、张恨水等许多作家，都是第一次在文学史上详细讨论。这些都是大量阅读原版书刊时的点滴发现。

实际上，我不是一个很聪明的人。在20世纪80年代，多少人到处寻找"概念"，以求发出一个石破天惊之论，博得大名于朝夕之间。而我却用了十年光阴，苦苦梳扒，读书有得，才敢落笔。国内外一些真正懂得何为学术的前辈学者，对我的刻苦努力表示肯定，这是对我的鼓励和鞭策，我由衷感谢。记得有位老先生，称我下的是"硬功夫"，并且说胡适就非常佩服史学家陈垣的"硬功夫"。没有硬功夫的所谓高见，往往是一个肥皂泡。我至今还要庆幸那十年硬功夫，它使我对现代文学的发展脉络了如指掌，也养成了我进入古代文学、思想文化领域，讲求实学的学术风格。当然，"硬功夫"也需有"新思维"萃取其精华，才能闪光出彩，这是不言而喻的。

主持人：您非常注意从人文地理学、文学图志学、文学发生学等不同角度从事中国文学研究。《二十世纪中国文学图志》创造了"以图出史、图文互动"的文学史写作模式，开现代图志类书籍的先河。为什么会在进行文学研究的同时，关注人文地理学，您认为这两者之间存在着怎样的关联？为什么会想到以图文结合的形式来进行写作？

杨义：中国是一个幅员广袤、地域文化和民族形态丰富多彩的多元共构的文化共同体。漫长的历史发展，往往呈现为地域和民族上"分久必合，合久必分"的形式，这也愈来愈深刻地促进了多民族间"你中有我，我中有你"的文化融合。这一点深刻地影响和规范着中国文学、文化的本质特征、发展轨迹，甚至文体表达方式。人文地理学与历史编年学，是文学研究的纵横二轴，缺其一轴，就会"跛脚"，就会成为"独眼龙"，行之不远，观之失真，这都是需要我们直面的。

显而易见,文学、文化的时间进程是在空间维度里展开的。因此要把文学、文化研究做大、做深、做得生气勃勃,就必须强调三个基本原则:(1)在时空结构上:在动态地展开时间维度的基础上,强化空间维度。其中包括地域形态、家族谱系、作家轨迹、社团聚散、官方民间等丰富的内涵。(2)在文化动力系统上:在深入考察中原文化凝聚力、辐射力的同时,强化边疆民族的"边缘的活力"。这就是说,不仅要看到中原文化的率先发展,影响了少数民族;更要看到,少数民族的原始活力和绚丽的创造,也影响了中原的文化选择。(3)在文化意义上:在发挥资料搜集考证的硬功夫的前提下,强化对资料蕴含的深层文化意义的发掘。唯有从中国第一流的文化资源中提炼出第一流的创新原理,才能给中国源远流长的文学一个属于自己的说法,形成元气充沛的现代大国文化风范。

要更好地遵循这三项基本原则,一个很重要的角度就是人文地理学。以人文地理学的视角来考察各地域及民族部族,给作家的写作输入了何种文化基因,包括精神上和形式上的基因。比如考察陈、楚文化对于老子,楚、宋文化对于庄子,鲁国南部附庸小国东夷文化对于墨子所输入的文化基因。老子属于"坤乾文化",异于《易经》的"乾坤文化",坤在前面,在诸子中唯一具有女性生殖崇拜的特征。它的第六章说:"谷神不死,是谓玄牝。玄牝之门,是谓天地根。"牝的原始字形是"匕",作女性生殖器形状,正如牡字去掉"牛"旁,乃男性生殖器形状一样。玄牝之门，即玄深神秘的女性生殖器之门，竟然是天地之根，这是典型的女性生殖崇拜。进而探讨老子的部族因缘，发现老子可能出生在一个母系部落。唐司马贞《史记索隐》在解释老子"姓李氏"时说："按：葛玄曰'李氏所生，因母姓也'。又云'生而指李树，因以为姓'。"因母得姓，是母系部落的姓氏制度。这就从人文地理和氏族制度上，加深了对《老子》的认识。

文学图志学的使用，缘于1992年一位日本教授到北京进行高级进修。早在阅读现代原版书刊和写作现代小说史的时候，那些原版书刊中的插图总是使我怦然心动，因为图画是可以超越国界的。有感于此，我就提议与他合作撰写《20世纪中国文学图志》。多种多样的插图的介入，扩大了文学文本的构成和形态。原版书刊的插图，与文字一样，也是文学研究的原始材料。插图包含着丰富的信息，可以把你带回文学发生的现场。图画也是一种语言，一种以线条、色彩、构图和情调构成的非文字的语言，它有时比文字还会说话，说出文学意味的秘密。中国古代就有左图右文、上图下文的绘像传统，建构现代形态的图文互文性，也蕴含着浓浓的人文趣味。它可以拨亮你的悟性，与此图文静静相对，栖居于怀旧的、幻美的或玄妙的精神家园。因此，"图文构史"的特殊形式迅速地流行，也在情理之中，其广泛程度却出乎意料之外。

主持人：有人认为，只要博览群书，就能成为一个在文学方面有所建树的人。对这种观点您是如何看的？

杨义：书是智慧的海洋，不读书就会成为脱离智慧之水的涸泽之鱼，失去对生命的滋润。但是图书浩如烟海，鱼龙混杂，谁也不能遍读天下之书。读书一要善于选择，二要重视感觉，三要勤于思考。孔子有句至理名言："学而不思则罔，思而不学则殆。"要通过选择确定学思的方向，又要通过感觉把学与思结合起来。坚持以上三个原则，博览群书就能够扩展心胸，增加见识，陶冶性情，提升生命的内涵，滋养智慧的能力。为人为文，都可获益。如果整天浮沉于书海、甚至垃圾图书之中，而不思选择，也是会损害生命根本，败坏求知胃口，消磨生活意趣的。

选择、感觉、思考，你要准备当一个群书的征服者，不要满足于当蛀书的蠹鱼，更不可当书海垃圾中载沉载浮的奴隶。至于要在文学研究上有所建树，还要进行研究方法和著述体例上的训练。至于要在文学创作上有所建树，还要加进人生感受、灵感和想象力。

主持人："眼力+功力+魄力"是您的座右铭，您觉得这句座右铭对学习文学的大学生或者所有的大学生有什么借鉴意义？中文系的学生应该具备怎样的一种素质、精神来进行学习？

杨义：这"三力"座右铭是我对自己的一个提醒和激励，提醒、激励我朝着这个方向努力。大学生朋友不妨也按照这个座右铭激励自己，它是契合读书和研究之道的。读书要运用

"眼力",从字里行间的表层意义中,透视深层的意义。用"心灵的眼睛"读书,读出生命的秘密。

在大家熟视无睹的地方能发现新鲜独到的问题和它隐藏着的意义,你的读书就摸到门径了。读出深层意义,就能将书本的知识转化为你的活生生的知识。日积月累,"功力"也就逐渐深厚。庄子说:"水之积也不厚,则其负大舟也无力。"功力靠的是这个"积"字,如郑观应《西学》一文中所言:"天下之事业文章学问术艺,未有不积小以成高大,由浅近而臻深远者。所谓合抱之木,生于毫末,九层之台,起于垒土,千里之行,始于足下是也。"其中所谓"合抱之木,生于毫末;九层之台,起于累土;千里之行,始于足下",则出自《老子》第六十四章,这是应该记取的。

只要你的功力积累得非常深厚了,就能够滋养你把握问题、创造思想的"魄力"。魄力不是提高嗓门唱高调,而是底气深沉、眼光如炬、高屋建瓴,能够从容自由地从浩瀚的材料中,提炼出令人耳目一新、产生心灵震撼的思想创造。古代诗人中,李白、杜甫、苏轼都是有大魄力者,如清人李调元《雨村诗话》卷下所云:"余雅不好宋诗而独爱东坡,以其诗声如钟吕,气若江河,不失于腐,亦不流于郛。由其天分高,学力厚,故纵笔所之,无不精警动人,不特在宋无此一家手笔,即置之唐人中,亦无此一家手笔也。公尝自举生平得意之句,以'令严钟鼓三更月,野宿貔貅万灶烟'一联为其最,实不止此也。公集中无论长篇短幅，任举一句，皆具大魄力。如《有美堂暴雨》起笔云'游人脚底一声雷，满座顽云拨不开。天外黑风吹海立，浙东飞雨过江来'，其声直震百里，谁能有此？"又云："元遗山诗，精深老健，魄力沉雄，直接李、杜，上下千古，能并驾者寥寥。"他在金代有找出元好问，以继李、杜、东坡之魄力。这都是我们写文章时，应该涵养的精神气质。

讲了这么一些想法，谨与大学生朋友共勉吧。其实，眼力、功力、魄力这些人的主体强力，源自人的积极进取的心态，是人文社会科学与自然科学的学人相通的，可以根据各自的情形，灵活变换其表现形式而已。

主持人：您平时给学生讲课时，最喜欢给学生讲的内容是什么？喜欢用什么样的方式？能不能举个例子？

杨义：给大学生和研究生讲课时，我比较喜欢讲自己最新的研究成果。因为那里包含着我的新发现、新智慧，讲起来就会很带激情，能够尽兴。

上世纪80年代，我在福建师范大学讲"20世纪中国小说与文化"，这是共有15讲的系列讲座。后来，讲授内容结集在北京和台北出版。90年代，在北京大学、中山大学、暨南大学等学校，以及国外的哈佛、耶鲁、牛津、剑桥等，讲"中国叙事学的文化阐释"，引起海内外强烈的兴趣。后来在复旦大学、南开大学，讲"中国诗学"、讲"古今贯通"，讲李白、杜甫。随后在剑桥大学和全国许多大学，以及中央部级领导干部历史文化讲座上，讲"重绘中国文学地图"、"文学地理学"。这些新命题也引起许多反响。我的讲学就像一把折扇，一叠一叠地打开自己的扇面。

最近，我讲得较多的是"先秦诸子还原研究"，包括老子、庄子、《论语》、墨子、韩非子、《孙子兵法》的发生学和文化基因问题。这些研究以新的材料、角度和深度，理清了两千年来许多令人困惑的谜团。尤其讲到以史解经、以礼解经、以生命解经，听者都感到闻所未闻，受到许多启发。每次我讲的时候，都会有变化，没有固定的内容。上课前，我最多列个提纲，上课时就随意而谈，旁征博引。面对博士生及以上的学者，就把学理讲得更深入一些；面对本科生和社会听众，就会多讲些故事。总之，谈笑风生，带点幽默感，讲课的效果会比较好。我不愿意讲些平淡无味的老调子，希望在轻松愉快的闲谈中，给听众一些思想方法上的兴趣。

最近，我给澳门大学的研究生系统地讲了《史记》的文化精神和著述体例，这是为中央的一个重要任务准备的，在中国社会科学院文学研究所讲过，大家反映很热烈。对《太史公书》蕴含的子书风采，作了许多阐释。我曾给研究生讲《史记·老子韩非列传》，一堂课三个小时，就讲其中的一段话，对每句话、每个词语隐藏着两千年间的什么问题，我们应该如何调动各种文献和出土材料破解它，如何缀合各种材料碎片还原诸子的生命，作了仔细的剖析。经典细读，是一门重要的技巧，能够在细读中体验古人的心机和生命,是讲课中的一大乐事。

主持人:您曾在中外多所大学担任教授,同样是讲授中国文学,对于中外学生您会在讲授方法上有所区别么?您觉得中外学生在学习上,对中国文学的理解有什么差异?在治学态度和方法上,外国学生有没有什么优势,是值得我们学习的?

杨义:1992年,我在英国牛津大学访学半年,暑期为他们的八位博士生讲"中国文化的基本脉络"。外国学生在暑期往往会出去旅游或打工,但他们相约留下,听我讲中国文化,讲什么都行。他们感到随意而谈,更有趣味。其后又在牛津、剑桥、伦敦大学亚非学院、爱丁堡大学进行旅行讲学,主要讲"中国神话的存在形态和解释体系"、"英国文学对中国现代文学的影响",我第一次听到外国学人称赞,"听您的课,是一种享受",给我不少激励。这是我在国外的第一次讲学。

在讲学过程中,逐渐摸索到对外国学人讲课需要注意的事项,那就是,在对外国学人讲课时需要多用比较文化的视角。比如,看某种文化因素或文化形式在中国采取何种形态,处在文化结构的哪个位置,而在西方又有何形态和位置,这样就可以比较它们在整个文化系统中的功能和意义,它们又如何以特异的方式组构自身的文化特质。不仅仅限于我有你无,而是要看到在同样的"有"之中,各有何种第一关注点、思维方向、贯穿线索。外国学生研究中国文学,虽然在一些专门的命题上有独到的理解和发现,但文献的把握有所不逮,需要对材料多做解释,甚至多讲一些有文化意味的故事。

对于中国文化的事例,要尽量讲得细致、深入、有声有色,并从中发掘出与西方同一命题可以对峙互补的文化原理。要采取一个伟大的文明所应具有的平等对话、深入对话的态度,不要隔靴搔痒地把中国事例简简单单地往西方理论体系上硬套。比如我将中国神话和神仙故事的差异时,讲了晋朝干宝《搜神记》的"蚕马"故事,揭示它匪夷所思的故事背后的原始强力,古人看到蚕的形体是马的脑袋加上少女的腰身,由此想象蚕神是少女神。在伦敦大学讲了这个故事,课后他们以 AA 制请我吃饭,还专门带来一种啤酒,商标上有 CASS 的字样,意思与我所在的中国社会科学院相关涉。其中有一位著名的美术家、博物学家,还专门把我讲的"蚕马故事"翻译给他的韩籍太太听。这类趣闻,在我多年的讲课中,还有一些。

不同文化之间的平等对话、深入对话,不生搬硬套,而灵动多趣,这样的讲学方式,我在耶鲁、哈佛、斯坦福大学讲演"中国叙事学"时都使用过。效果相当不错,甚至被他们的系主任、著名教授一再称为"经典讲演",是"请来讲中国文化讲得最好的",说是我离开三四个月后,他们的学者还在网上讨论我提出的命题。这种反应,是后来传到国内的,由一位我所敬重的长辈学者转告给我的。这也算是对我的讲学方式的认可和鼓励吧。记得在哈佛东亚系讲"中国叙事学"是在下午,由于上午参观人类学博物馆,中午饭由访美的同仁宴请,讲课时忘记带讲稿。我就向他们的秘书要了一个旧信封,在上面写了五六行提纲,就旁征博引地讲了一个半小时。剩下一个小时讨论,但听众都希望我讲一讲中国少数民族史诗,于是我又讲了一个小时。主持讲演的著名教授对我的知识结构和文献功夫极为赞赏,说:"中国是会认识您的学术的。"这些讲演的成功,是以广博的文献征引,及新颖的对话性解读密切相关的。讲演之道,在于以丰富的知识和高明的思想,打开听众的文化求知的新视野。

主持人:目前很多国家设立孔子学院,您怎么看待?这对中国文学的发展有怎样的意义?

杨义:在许多国家设立孔子学院,对于推广汉语学习,传播中国文化,让外国人更好地了解一个正在全面振兴的中国,具有重要意义。

我认为,孔子学院应该根据主客观的可能,运用聪明才智,设计优化的方案。课程教学方面,除了学语言的初、中级教材之外,还应编写一些中国历史和文化的通俗读物,包括著名故事传说、戏剧百艺、节日风俗、少数民族史诗民俗、出土文物珍品等,篇幅不宜过大,要多配插图,并且对插图的内在意义和艺术形式进行深入浅出的解说。我曾经在俄罗斯彼得堡大学向一位研究中国艺术史的教授,分析楚文物图样的文化含义,讲得这位教授很晚都不愿离开,感到是难得的享受。如果条件允可,应与国内相关机构联手,举办民族民俗、考古文物的专题展览。

简明的文学史也可以编一本,几万字就行。可以找深通文学、又明白外国人接受兴趣的明白人来写。以讲解著名的经典诗文为主，配以生动的插图。若用古色古香的古代插图，最好著文解释图中的一些细节。某国的孔子学院，也可以聘请在该国做短期访问的知名学者，做些生动活泼的专题讲座。孔子学院的常设人员也要学习所在国的语言文化，了解当地的风俗习惯，以便使自身的工作，更有针对性和有效性。

主持人：现代中国一直在讲求开放，各个领域都向全球化迈进。您在研究中国文学的同时，也是非常重视西方文化的。在对西方文化的学习和研究中，您获得了怎样的启发，有什么心得体会可以跟大家分享？

杨义：做中国学问，一定要有世界眼光，才能打开现代学术的新局面。世界眼光和本土智慧，一是我们的天，一是我们的地，他们都有"元方法"的意义，要做到天地交泰，中外交融。

我读了两三千种中国叙事文献之后，曾到牛津大学专门阅读西方叙事学著作。不是要以西方观念给中国事例贴标签，而是采取深度对话的立场，在中国材料中升华出人类的共同智慧。当时，我把自己的学术方法概括成四句话：返回中国文化原点，参照西方现代理论，贯通古今文史，融合以创造新学理，也就是"还原——参照——贯通——融合"八个字。这个方法论程序的关键，是深度的中西方对话，在对话中建立自身的话语体系。

后来我研究"中国诗学"，也在剑桥大学图书馆、牛津博德兰图书馆普查了以"诗学"为书名或关键词的1900余种西方学术著作,从而对西方诗学研究的本质、对象、范围、轨迹、关注点、思维特征等,有一个比较全面的了解。这番普查,使我建构中国诗学体系时,重视经典中的原创性经验,重视从经典中升华诗学原理。对我来说,写完《楚辞诗学》《李杜诗学》之后,阅读相关的西方学术著作,让我在中国诗学的宏观学理把握上,敞开了一个广阔的世界视境。

一个人要把学问做大,必须有世界性的大眼光,以独立的姿态总揽世界学术的潮流。同时又要有本土性的丰富储备,以便在总揽世界学术的潮流时,不失本根,不随波逐流,而注重中外对话中产生自己的创新学理。

主持人:据您来看,未来中国文学发展的大方向是怎样的?有没有一些比较新的领域值得学生关注,并深入学习、研究的?

杨义:当今中国文学发展受商品经济的影响很大,文学研究受职称评审、数量统计以及各个等级的官本位的规约相当深,需要改革的地方不少。人文精神是一个国家的精神皈依所在,人文精神的稀释化、淡薄化、边缘化,对一个国家的文化归属感和人的素质的提升,都会产生负面的作用。《易经》说:"观乎人文,以化成天下。"人文化成,重在这个"化"字,把刚健深厚的人文精神化入制度的经纬,化入人心的精髓,提高人际交往的教养,提高人群应对事变的理性,提高人们安身立命的蕴涵，将会形成社会进步的浑厚的精神力量，成为安邦立国的人心根本。

讲到文学创作，作家应莫忘"人文化成"之道，以自己的笔墨滋润人间，提振精神。他们应有两副笔墨，一副姑且用来写写赶潮流和赚钱的东西，一年写几本书；另一副笔墨就要抱着真诚的敬畏心，用来"十年磨一剑"，呕心沥血地铸造精品名作，成为这个时代审美能力的标志。历史具有巨大的淘汰力，才能腾出创新的空间，为自己的前行开拓道路。在巨大的淘汰力之下，唯有精品名作具有传世的能力。

讲到文学研究，学者也应莫忘"人文化成"之道，以自己的智慧启迪人生，推动思考。他们也应有两副笔墨，一副笔墨写普及性、生动灵便的文章，使更多的人享受智慧的喜悦；另一副笔墨写原创性的精深的著作，开一代新风，成一代杰作，支撑起我们这个时代的文化精神的堂庑和脊梁。历史的淘汰力同样也在这个领域发挥作用，唯有精品力作，可以长久地给人趣味和启迪。

令人感慨的是，由于近代以来我们国家落后挨打的影响，人们形成了"外国月亮最圆"的卑恭型的仰视角。一种外来的说法，哪怕是经不起检验的奇谈怪论，也都追逐。而对于本国学者高度原创的学理，却视而不见，横加挑剔，宁可自己拘守井蛙之见，也不愿承认别人的创造。这种狭隘的心态，侵蚀着现代大国文化的创新性的基础。

"君子坦荡荡,小人长戚戚。"孔子此言,应该记取。我们要以坦坦荡荡的博大胸怀,在人文领域认识自主创造,尊重自主创造,开展自主创造,建立一种现代大国堂堂正正的文化自主创造的公共心态。这应该作为开创世纪性的学术创造新局面的关键被重视起来。学术创造,就要从创造这种公共心态开始。正如鲁迅所言:"天才大半是天赋的;独有这培养天才的泥土,似乎大家都可以做。做土的功效,比要求天才还切近;否则,纵有成千成百的天才,也因为没有泥土,不能发达,要像一碟子绿豆芽。"要使"绿豆芽"发育为参天大树,作为公共心态的泥土,是应该进行有效的土质改良的。

主持人:您作为鲁迅研究会的会长,对于中小学语文课本改革中大量删减鲁迅先生文章的现象有什么看法?鲁迅先生最值得我们学习的是什么?

杨义:中小学语文教材问题,不仅是鲁迅文章增减的问题,而是要进行全面的人文精神和语文知识教育的规划。不要短视,谁研究哪个方面,就吆喝哪个方面,一切都要以中华民族的人文培育、情操熏陶、智慧提升作为旨趣。

中小学生记忆力最强,如果珍惜这种记忆力,那便是民族之福。如何珍视?一是学好外语,二是记诵经典名篇。这些都能享用终生,是爱国精神极好的滋养品。"童子功"影响终生,以人为本、为国立根本,都不可忽视"童子功"的培养。

语文教学,与其过分地灌输某些政策解说,或者讲些"猫儿叫，狗儿跳"，不如腾出更多时间，让孩子们接触中华民族的经典之作，记诵历代诗文名篇，使之对民族文化有感觉、有兴趣、有情致。这样培养出来的爱国情怀，才是嵌入心灵深处的，浸染了精神趣味，因而不是那么容易褪色的。许多文学名篇简练精粹，朗朗上口，立意高远，设譬高明，精神渗透力极强，可以模塑人的道德品位，是很适合少年儿童阅读的。关键在于不要食古不化，佞古欺今，而要有高明的遴选和通透的解读，使少年儿童朗读起来如沐春风，在轻松愉快中获得德行心智的提升。

关于鲁迅作品的选择，也应从一个现代大国长远的文化建设出发，而不是总把阶级斗争的弦绷得那么紧。因为时代不同了，文化战略也要调整。鲁迅的价值，从根本上说，是根据民族国家的时代需求，创造出一种与民族国家共患难的新文化形式，揭出病苦，解剖灵魂，犀利精锐，不屈不挠，开辟出民族国家生存和发展的新路。就像鲁迅曾经郑重地宣布："其实地上本没有路，走的人多了，也便成了路。"鲁迅的当代意义，在于关切国人的灵魂，批判"酱缸"的腐朽，审视文明的良莠，重振汉唐魄力，挺直民族的脊梁，从而建设"雄厉无前，屹然独见于天下"的现代"人国"。鲁迅的眼光是极其锐利、严峻、透彻的，读鲁迅可以使人变得深刻，使人的心灵的眸子灿灿若岩下电。因此讲鲁迅，应该讲出他的现代性思想和精神的荦荦大端，而不能拘泥于某些篇目的进退增减。

主持人：您能不能给我们广大爱好文学的朋友一些建议？

杨义：爱好文学的朋友是有福的，因为他们能够以美与智来滋润自己的心田。美、智、情感，是文学作用于人心的大端，可以使人的心灵变得更丰富充实，感动愉悦，美好宜人。人的内心骚动着各种欲望和饥渴，自我的控制和社会的赏罚，"不如意者常八九"，都促使它寻求精神的补偿，而最为润物无声的精神补偿存在于丰富多彩的文学天地之中。清人章学诚《文史通义》说："史志之书，有裨风教者，原因传述忠孝节义，凛凛烈烈，有声有色，使百世而下，怯者勇生，贪者廉立。"他讲的史志，其实，文学书的情感感奋能力更为可观。文学可以长心气，医心病，鼓心劲，它是心灵的好朋友。

当然，爱好，并不等于要以此为职业。若有才能，当然不妨写些作品发表，甚至成为作家或专家。如果才能不在这方面，写文章不发表，练练笔头也无妨。不练笔头，滋润心田，也很好。不管你从事何种职业，办公司、做买卖、打零工、搞科技，在繁忙之余，读点诗文小说，也可益智开心、陶冶性情，提高文化素质和思想表达能力。智慧有时是相通的，比如一些科幻小说，就曾带给人们在航天和潜海上进行探索和发明的灵感。做什么事情都需要一点灵感的，文学往往联系着灵感的源泉。我的一个朋友，平时总带着一本《楚辞》，或唐诗宋词，这并不妨碍他、反而滋润着他成为一个国际驰名的经济学家。

人的精神节奏需要张弛有度、刚柔相济，就如跳高、跨栏，需要助跑。读点文学,对你在职业上跳高、跨栏,也具有助跑的作用。文学由此成为人的心灵的助跑器。

主持人:今天的访谈,我们从宏观角度了解了一些杨教授对中国文学研究的看法,并给学生学习中国文学提出了一些建议。希望以后我们还有机会能进一步从文学史、文学理论、对鲁迅先生的研究等等角度,深入地谈一谈。谢谢杨教授!

(原载于2011年3月7日《中国教育网》,
访谈策划:周玲,审校:王凌燕)

材料·视野·方法
——杨义学术访谈录(安文军访谈)

【访谈引言】2003年杨义先生的《重绘中国文学地图——杨义学术讲演集》出版后,《中华读书报》曾发表一篇题名为《学术演讲与"杨义现象"》的文章,对他演讲中的大家风采和深厚的学术含量大加赞叹,并使用了"杨义现象"这样的词。的确,把学术演讲作为学术表达的一种形式,也是现代学术发展中的一道独特的风景,一个学者只有对自己的专业烂熟于心才能够控制和把握不同的对象和现场,甚至会在演讲中迸发出许多在正襟危坐写就的论文中被"平面化"、条理化遮蔽的思想火花。最近几年,杨义先生的多篇学术访谈也在学术界产生了巨大的影响,如赵稀方关于治学问题的访谈(《东南学术》2003年第1期)、邵宁宁关于"重绘中国文学地图"的访谈(《甘肃社会科学》2004年第5期)、袁盛勇关于"重构现代中国学术方法"的访谈(《学术月刊》2005年第11期)等等,可以说作为学术演讲的变体——学术访谈也已经成为杨先生的一种新的述学文体,由于访谈是在问答对话中完成学术表述,他的许多学术思考获得了更为及时的、鲜活的呈现,如果写一篇《学术访谈的"杨义现象"》大约也不为过吧!尽管即便是谈同一个内容,时间和场合不同,杨义先生兴致所至也总是新意迭现,但我们这次的访谈的着重点并不是他现在具体在做什么样的研究?有什么样新的学术思考?我们希望通过访谈,把他多年治学的经验介绍给大家,能够对研究者有所启发。当然所有的话题都是从他的新著、新文章中生发出来的,因为离开了具体的学术,任何的方法都会显得飘忽。(安文军)

安文军:杨老师,您好!这次的访谈我想从您的学术新著《中国古典文学图志——宋、辽、西夏、金、回鹘、吐蕃、大理国、元代卷》谈起,这本学术著作的出版一石破浪,在学术界产生了巨大反响,众人瞩目、好评如潮,很多人认为它是您在提出"重绘中国文学地图"这个宏大学术构想后的第一个重要的成果,认为它是文学史书写的新的开拓,甚至有人把它视为您新的学术阶段的起点,已经开始迫不及待的想象五卷本的《中国古典文学图志》中,完整的中国古典文学应该是怎样的一番新面貌了。我首先想问的是,您认为这本专著对文学史研究最大的贡献是什么?您是如何形成这样的全新的研究视野的?

杨义:《中国古典文学图志》实际上还是我的读书所得,因为我兼了文学所和少数民族文学所两个所的所长,接触了大量的文献材料，包括中国古代文学的、民间文学的、少数民族文学的等等。比如少数民族文学研究，近年对《格萨尔王传》的研究取得了很大的进展，《蒙古秘史》在国际上也被作为重要的民族史诗性典籍受到了尊重和纪念。碰到这些问题大都要求我去发言，发言就要准备材料，才能不说或少说空话、套话、废话。千姿百态的材料看了之后，就不断地思考问题，要用一个什么样的核心概念才能将这些多学科领域的问题统摄成为一个有机的整体呢？这就需要找到自己学术的基本点，找到自己的学术逻辑，把它形成一个新的解释体系。这样的读书和涉猎文献的经历，可能是我本人特有的，其他人不易重复。但是，思考整个中华民族的历史进程和总体精神，是我们人文学者共同的命题。

我兼了两个所的所长已经八年了，丰富而庞杂的材料接触多了之后，经过反复的思考，觉得需要给中国文学一个大文学观的解释体系，才能把所有这些都包容起来。如果是株守纯文学观，或者是不知变通地按照西方的文学理论概念去观照，有很多精彩的中国经验和智慧就会被排除在我们的视野之外。失落精彩，是我们研究者的罪过。因此，我们读材料读出感觉来了，就不得不回到整个中华民族共同体的发展过程中来思考它的精神过程。我觉得这本书的一个最重要的收获：就是从中华民族的共同体的形成过程、她整个精神发展的过程，这么一个宏观的角度去考察文学发展的历史，把文学发展的过程和中华民族文化共同体发展的过程融在一起来梳理。我们中华民族自古就有广阔的幅员，文明的发展又从未中断过，要把多民族、多地域、多层次的文学都包容进来的话，就必须在时间维度上增加并强化空间的维度，这就涉及一个文学的版图问题，经过反复的思考提出了"重新绘制中国文学地图"这样一个学术命题。

"地图"这个观念的提出，是因为中国作为一个现代的大国，她需要有一个属于自己的文学地图，这个文学地图要有她自己的版图、自己的风貌、自己的解释体系，这样的文学地图是现代大国不可缺少的精神构成。中国地图的概念起源很早，比如说孔夫子，《论语》中提到他的一个具象征意味的行为，就是"式负版者"，"式"通"轼"，是车子前面的横木，负版者就是背着邦国版图、图籍的人，看到负版者走过来，孔子要趴在车子的横木的前面表示致敬，向地图致敬。这个地图包括着一个国家民族的主权，它的独立的姿态，也包括着它的资源，它的发展空间，和它的整个物质的、精神的特征，孔夫子是对这些表示尊敬。这就有点类似于晋文公重耳流亡十九年，过五鹿，饥而从野人乞食，野人盛土器中进之。重耳怒。赵衰曰："土者，有土也，君其拜受之"，跪拜受土，表示对土地的敬意。《管子》书，据说是春秋五霸中第一个称霸的齐桓公的卿相管仲写的，却可能是齐国稷下学派的文章汇编。《管子》里专门有《地图篇》，讲行兵打仗需要了解地形地貌和地理的远近，这样才能尽得地利，所以地图与兵书、与军事也有关系。荆轲刺秦王是历史上很有名的故事，荆轲去见秦王时带着的是樊于期的头和督亢的地图，督亢是当时燕国的肥沃之地（就是现在河北的涿州市），拿着它才能接近秦王，可见地图的重要性。萧何随汉高祖刘邦到了咸阳之后，他首先做的就是去收罗秦国的图籍，主要是地图和法律书，后来还建了个石渠阁把它们保护起来。地图自古在中国人的心目中就是和民族的财富、民族的主权和民族的精神联系在一起的。

西方的地图叫做阿特拉斯（Atlas），阿特拉斯是古希腊神庙中，顶着屋顶的那个神，有擎天立地的神力。阿特拉斯是十二提坦神的子嗣之一，是普罗米修斯的兄弟，反抗宙斯失败之后，被罚用双肩支撑苍天。后来，到了16世纪，西方出了地图集，封面就是阿特拉斯背负地球，现在仍然是西方地图集的标志性的图案。可见，地图在西方也是天地交融，肩负很大责任，为人间撑起巨大空间的表达方式。所以我觉得用地图去表达文化共同体的精神的广度、深度和它的存在形态，有独到的价值和意义。用地图这个概念，就可以容纳各种各样的空间，比如在我的这本专著，主要是在时间的维度上强化了空间的维度，出现了很多丰富的文学空间，比如山林文学空间，贬官文学空间，馆阁文学空间，主流写作与边缘写作的空间，城市中的市井文化和府邸文化的空间，提供了不少可以对文学进行观察的新的视角。应该说用文学地图这样的说法，并不是为了表达上的花哨，而是由于"地图"本身负载在历史的和文化的、中国的和世界的等等广阔的内涵，是一个自身蕴涵丰富、又能调动大量的文化资源，包括许多以往不为人关注的文化资源的词语，而且"地图"这个词本身也比较容易为普通的民众所接受。所以，这个提法一出来之后，大家都觉得有它的价值，甚至被挪到其他的文化领域去用，成为一个获得广泛认可的学术词语。

阿特拉斯雕像

安："地图"由原来的地理学的专名，转化衍生成了一个文化的、文学的专名了。

杨：对，我用了"文学地图"这个词之后，就强化了文学的地理学以及与地理学相联系的民族学的历史，"地图"这个词在农业文明与游牧文明之间碰撞融合的文化意义就被开掘出来了。这里有两层意思：一个是中华民族地大物博，民族众多，而且在过去又是山川阻隔，这样一个地处东方大陆的大国，从春秋战国就形成了自己的意识形态，形成了自己的文学生态。那个时候，齐、鲁、秦、晋、楚等大的文化单元在中国出现，地域文化的问题就显得很重要了，而地域文化又长期地影响了我们整个文学的内在的素质、特点，这是一个静态层面的。第二个是动态层面的，就是民族和家族的迁移和定居。比如说我这本《中国古典文学图志》之所以从公元10—14世纪着手，就是因为这个时期那么多民族的迁移和融合问题需要处理。你到南方一个县份可能发现有十八种方言，那是北方十八个家族迁移到这个地方，与当地的语言相融合，又保留了他们原来居地的语言的某些特点，所以形成这么复杂的乡镇之间的语言差异。家族的迁移、家族的文化，影响着中国文学的风貌。在中国的社会结构中，家族不仅是一个血缘的单位，一个经济单位，也是一个文化传承的单位，家风、家训、家学都由它来传承。在这个问题上具体到作家而言也很重要，他的祖籍，他的出生地、宦游地，他与其他作家的聚会之地，他贬官流放的地方，他归隐、归葬之地，这些地方可能都在他的精神脉络上打下烙印。比如一个四川士人，即使到京当官，会馆的制度、交游的制度还有亲戚/联姻的制度，都会在周围形成一个网络，影响其文化品格。

所以说用"地图"的概念，可以调动民族共同体的形成、发展的视角去考察文学问题，就使文学的问题和整个民族的发展血肉相连，联系起血缘、地缘、族缘和心缘。这样写出来的文学史，就能够使我们对中国文学、中国文化本身，或者说对我们从哪里来，又要到哪里去，这样的根本问题产生一种新的认识。这是"我审文化"，又是"文化审我"，在文学观念更新中包含着更深层次的文化自觉。

安：您刚才讲到，由于工作的特殊性，使您接触了大量的材料，经过反复思考产生了这样的大文学视野和重绘中国文学地图的观念，但有些人也会拥有很多材料，却很难提炼出新的认知。在具体写作过程中，您又是怎样把零散的材料整合起来，形成这种宏观把握的？

杨：读书啊，读书既是获得材料的途径，又是把握材料、获得思想的途径。孔子说："学而不思则罔，思而不学则殆。"当然，每个人的阅读的阅历都不一样，但都需要在阅读过程中形成一个自己的精神空间，你有了一个精神空间，你就应该频频回首，审视这个空间在整个学科中的位置、模样、潜能，它与别人的精神空间有什么衔接、什么差异，你有可能在这里建立什么样的逻辑起点、逻辑过程和话语体系。这样，有了一个主体，你再去读每一本书，经常在不疑中生疑，不要矮子观场，矮子看戏，前面高个子把你挡住了，人家说好，你就跟着说好，切记不要这样。你读书时，不要被古人、外人所拘牵，在他们认知的基础上要问一个为什么？看古代的东西，他有比我高出的地方，但是我有现代的知识结构，以今天的智慧看古代应该比他们看得更深。外国人在看国外的时候，他可能比我高，但是看我们中国的时候，我应该比他高，因为我对中国文献、中国智慧的理解要比他们深得多。所以要拿他们的概念来用的话，首先要检验一下适合不适合，如果不适合，又能提供一个什么样的概念来跟他们对话。

我这些年的学术历程，就是形成中国文学地图的观念的精神求索过程，和我读书的范围有很大关系，又和我注意把握自己的读书感觉而不盲从前人、外人的结论有很大关系。只要读书有感觉，而且保护这种感觉不被遮蔽，尊重这种感觉不被泯灭，反而以这种感觉作为新智慧的逻辑生长点，我们就会发现，中华民族多地域、多层次的浩如烟海的文献，都在诉说着这个民族共同体的精神过程。这几年除了《中国古典文学图志》，我还写了《楚辞诗学》和《李杜诗学》。为什么我研究先秦，讲中国诗歌的源头，先去研究《楚辞》而不先去研究《诗经》呢？这里面存在一个文学地理学的空间问题，因为《诗经》属于中原文化，是黄河文明的一个产物，《楚辞》是长江文明的产物。中华文明之所以延续数千年而没有中断，就是因为我们既有黄河文明，又有长江文明。如果我们仅仅有一个黄河文明，北方的游牧民族进来了，我们没有回旋的余地，我们的文明就很可能中断，好比尼罗河文明，波斯、马其顿、罗马将其征服，尤其是阿拉伯人一去，它就断裂而生成新质了。有了长江文明，中华文明的总量、回旋的余地就变大了，甚至不仅是加倍的问题，而且形成了以一江一河为腹地，向四周四裔不断辐射和吸附的同胞共气结构。北方的游牧民族进来以后，很多北方的家族往南迁移，把长江文明开发起来，甚至经济文化的发展程度超过了北方，发展出汉族与南方少数民族相融合的新的文明；游牧民族也接受了原来的比较高的中原文明的吸引和渗透，如此形成了南北朝的局势，后来疆域统一了，南北又在新的高度上融合，这样"太极拳式"的文化推移、交替发展、互相融合的过程，就是以中华民族有两条江河作为多民族间相生相克、互动互融的地理空间的。研究《楚辞》，就是研究文学上的长江，研究《诗经》就是研究文学上的黄河。黄河的视角、中原的视角我们过去研究的比较多了，已经形成学术惯性了。但研究《楚辞》，就不能简单地沿用中原的视角，经学的视角来研究，而是要去关注楚文明，包括关注楚文物的青铜漆器、式样纹饰的奇异想象方式，用新的视角去感受、去研究。春秋战国时候的楚国对中华文明的贡献，就是它开发了长江，这对中华民族来说是一个很伟大的、根本性的功劳，筚路蓝缕，以启山林，使我们中华民族拥有了一个巨大的文明的腹地。屈原开发了文学或文化上的长江，他不是用中原已经体制化的诗歌形式来消解长江的诗歌形态，而是用长江文明中的民间歌谣、民间智慧、民间文化想象、民间祭祀仪式，去创造丰富多彩的、充满了奇异的生命表达的诗歌。他的旷世天才，就在于以生命的直觉把长江流域初民的原始想象、民俗信仰和审美方式保存下来，变成中华文明有机的独特的构成，使中国的诗歌形成了诗骚并举的两个源头。文明发展的规律告诉我们，一个源头容易封闭，两个或者多个源头容易产生互动，它们彼此是开放和反衬的。研究《楚辞》，就是在时间的进程中加了一个空间的幅员，在黄河的系统旁边加上了一个长江的系统。

研究李杜也是这样，为什么不分开来，单研究李白，或者单研究杜甫呢？李杜并举，本是就是一种方法论。李白、杜甫时间维度上存在着前盛唐、后盛唐（包括盛唐向中唐过渡）的差异，李白迎着阳光走上盛唐的高峰，杜甫背着阳光走到盛唐的沉落，这是一个时间维度上的问题。其次，李杜并举还有一个空间维度的问题，杜甫是黄河文明的产物，中原文明的产物，"诗是吾家事"，他认同的是他的祖父杜审言把诗歌发展为近体诗、格律诗这样的诗体，他从小的家庭作业也许就是推敲格律；再往上追溯，他的远祖杜预，作为司马懿的女婿、平定吴国一统天下的大功臣、晋朝开国重臣，晚年的精力主要用来注解《左传》，从家族里传下的历史癖的文化基因，给杜甫的诗歌注入浓郁的历史意识。他家族的历史之脉就是中原之脉，就是黄河之脉。杜甫写《茅屋为秋风所破歌》的岁月,他到了四川,应该是感受到长江文明了。他当然也受到了长江文明的影响,但"南村群童欺我老无力,公然抱茅入竹去",他是个客户,要是个土著,群童的爷爷奶奶、父亲母亲都认识,都很熟悉,那些孩子还敢抱你的茅草回家吗?要知道,是熟人伦理在维系着这个社会。你是个客户,儿童抱走茅草,你只能徒唤奈何?晚上下雨的时候,屋子又漏,床也湿了,也没有个邻居帮你去修修房子,也正表达了作为客户的凄凉。辛弃疾晚年到了江西上饶地区,在铅山鹅湖书院附近居住了二十多年,他的词大概有一半是在这个地方写的。但是江西学者写本省文学史的时候没说他是江西人,而把他当作山东作家来对待。在江西他是客户,他交往最深的是陈亮这类浙江的文人。一个客户要变成土著,大概要经过三代人以上的交往、联姻和经营。所以说杜甫虽然后期沿江漂泊,但本质上还是黄河这一脉下来的。而李白出生在西域,五六岁时父亲带他到四川,他的父亲叫李客,是个客户,他的家族交往的人恐怕许多还是那些在丝绸之路上做生意的人,所以李白的少年时代基本上是受胡地风气的影响。但他25岁出川,到40岁去做翰林供奉,在这十几年中,他都在长江漫游。李白不像苏东坡,三苏父子一直到汴梁去考进士,去结交欧阳修他们,执意追求科举功名,光宗耀祖。李白的漫游具有三种基本的特征,一个是胡地少年的行侠精神,一个是道教的求仙悟道,一个是南朝的山水诗的精神体验。李白是用胡地文明、长江文明的襟怀去改造盛唐文化、盛唐的诗歌。李杜并举，实际上就是讲了盛唐时代的一个"诗之黄河"与一个"诗之长江"，所以也是在空间维度上展开对精神文化考察的。我在解释这些问题的时候，都贯穿了中华文化共同体的版图的意识。

安：叙事学、诗学一般被学界认为是文学自身的基本问题，您在这些领域成绩也是有目共睹的，而您刚才谈到的文学文化地图、民族共同体的问题通常又很容易被解读成文学外部的问题，在这两者之间，您是如何建立起合理的学术关联，自由游走的？您认为这样的自由游走对中国的文学研究有着什么样的价值和意义？它包蕴了怎样的学术视野和研究思路？

杨：如果把民族的血脉当成文学的外部问题的话，本身就阉割了文学。文学是与国民、民族的血脉连在一起的。要认识中国文学，就必须回到中国文化的起源和过程中去，它的价值、意义、表述方式都和文化连在一起的。如果把这些东西你都说是外在的，那就把文学提纯了，提纯出来的东西是苍白的东西。这恰恰是近代以来形成的纯文学观念，把人类智慧的整体性割裂为学科知识的片断性，所以才有了外部和内部之分。把文学当成生命来解读，就必然一头与文学精髓连在一起，另一头与文化本质连在一起，这正好是我提出、提倡用新的大文学观来取代日益窄化的纯文学观的意义。内外兼容，外生成内，内充实外。有了大文学观，对文学的解释就会联通内外，就会有新的资源、新的维度、新的形态，比如说文学的本体论问题、生命形式问题、动力学问题。一个复合型的民族文明的动力在哪里？中心的凝聚力、吸引力、辐射力，和边缘的活力，形成了一种合力的机制。以这样的合力机制去解释宋代文化的时候，就看宋代文化在我们民族的血脉延续中起了什么作用，我总结了它延续的四脉：道脉、史脉、诗脉和文脉，四脉伸展，深入社会肌理。当游牧民族、北方少数民族进来之后，因为这四脉建立得非常之深厚、非常之精美，他们对程朱理学、通鉴史学、欧苏诗文之学，就抱着一种仰慕的态度，将之当成他们追求的文明高度，那么文化精神的脉络就延伸下来了，即使少数民族改变了一些内质和形式，但血脉不会中断。看宋代文学是这样，元代杂剧成为"一时代之文学"，同样存在一个合力机制。

杂剧是怎么起来的？远溯晋唐，可见西域的佛教戏曲的影响；近追游牧民族马背上的杀伐之声，可知高昂的腔调的缘由；旁及北方的俚调，中原文化的词调的影响，可释其刚柔调和的资源。这三股支流汇入宋金时代已存在的杂剧河床，有容乃大，在元代终成洪流。可以说杂剧是多民族创造出来的文学方式、文化现象，而且尤其是在游牧民族瓦解了原来的诗文价值体系之后，杂剧才上升到一国风行的艺术。考察元诗的时候，如果有这种民族共同体意识，就不局限于去考察它是宗唐还是宗宋，而是考察它是汉化还是胡化，这是整个文学动力学系统改变了诗文形态所深化了的学理要求。这些问题都不是那些忽视了文化整体性或者民族共同体的驱动力的纯文学观所能提出来的维度，是要把文学放在文化里面、放在整个民族共同体的形成历程里面，来考察它的精神脉络和文体脉络才能提出来的见解。内外相领，内外互动互释，导致了内因外而大，外因内而深，这就推动文学研究走上新的境界。也就是说，文学发展的合力机制转化为文学研究的合力机制了。

安：听说您最近还完成了《现代中国学术方法通论》的撰写，尽管这本著作还没有正式出版，但不少内容在学术刊物中已经可以读到，您的方法论的自觉对这本《中国古典文学图志》的写作产生了什么样的影响？现代中国学术大师的治学方法以何种方式介入您的学术研究？或者说，经由方法论的研究，您认为您形成的自己的独特治学方法是什么？

杨：对20世纪最重要的学者的学术关注，早在十几年前我在牛津访学的时候就已经开始了。那时候注意的是王国维、陈寅恪、闻一多，因为我研究中国叙事学，要了解这些前辈学者在与西方进行对话时，采取了什么样的学术立场、姿态和方法，那时候就开始思考如何借鉴西方，开发东方。现代中国学术方法作为一个项目，大约是近十年的主要工作之一。做学术要知道我们整个中华民族学术文化的过程，包括古典学术向现代学术转型的过程。这就不能不研究这些学术大家的思想方法。我的《现代中国学术方法通论》，主要是分析、消化、吸收20世纪最重要的20多个文史哲方面的世纪级的大学者的学术史材料，以此来做方法论的文章。涉及的学者有严复、梁启超、王国维、吴梅、胡适、鲁迅、周作人、陈垣、陈寅恪、傅斯年、顾颉刚、钱穆、俞平伯、闻一多、朱自清、朱光潜、冯友兰、宗白华、郭沫若、吴宓、钱锺书、季羡林。这部书大概也有四十万字，2005年春天最后完稿，现在已经校对了两遍，不久就要出版。

说到受他们的哪些学术上的启发或影响，我觉得大概有四个方面可以检讨：

第一个方面是做学问要做实实在在的学问，要用多重证据来做学问。王国维讲两重证据，陈寅恪给他加了一个维度成为三重证据，我们现在可以给他加上更多的比如说边疆民族的证据、民间的证据、图画的证据等丰富而坚实的证据，根据不同问题的内在要求和实际可能，设立证据与求证的关系。研究一个问题要对它的材料进行竭泽而渔的搜集，才可能提供多重的证据，并在证据间互相支撑、互相质疑、互相深化中获得新鲜而坚实的结论。比如说蒲松龄多写悍妇、泼妇，在一次国际会议上，有外国学者用女权主义来分析，好像蒲松龄在张扬女权。实际上这里隐藏着蒲松龄的精神疮疤和心灵阴影。这就要把蒲松龄在"聊斋"以外留下的几十万字的诗文都看一遍，对其人生经历和精神挫折了然于心。蒲松龄的夫人去世后，他写了《述刘氏行实》，讲到刘氏嫁过来后很贤惠，深得母亲的喜欢，但是他大哥的妻子（冢妇）和其他的姐娌觉得母亲偏心，整天大闹，他父亲觉得这个家过不下去了，于是就分了家。分家时，大嫂迪福还在闹，把最好的房子、地产都要走了，蒲松龄就在一个菜园中的茅草屋里过日子,他后来当了二十多年的私塾先生,就是为了给他儿子盖个瓦房娶媳妇。一个人去世了要写行述(或称"行状"、"行实"),文章体制是要多说好话,家丑不外扬,蒲松龄给亡故的妻子写行述,却写这些家丑,可见他心灵上有多么刻骨铭心的创伤、有多么深重难遣的阴影,夫妇二人在夜深人静时可能经常在谈论这些家事。蒲松龄有个朋友,家中有悍妇,把公公赶出家门,病重住在一个驿站里,连她的丈夫去看都不让,现实的教训使他感慨于悍与孝不相容。蒲松龄借小说来批评泼妇、悍妇,使他们遭到许多报应,是他对现实中留下的精神创伤的一种排遣和发泄。把这些材料都搜集齐了、弄清楚了,证据和证据间就形成切实的排除和指认的关系。这种解释颠覆了女性主义臆测,却获得了深度心理学的证明。由此产生的新的认识,比你拿着一个外来的术语生硬地往上贴更有价值,更属于经得起推敲的学问。我觉得,我们很多的大学者做学问,都是在大量的材料、大量的证据中浮现出器识来的,而不是事先拿着某种空洞的理论去生搬硬套的。

第二个方面,是他们对边疆史地的重视。从晚清的李文田、洪钧、丁谦、沈曾植以来,由于外患的深重,中国人民族意识的崛起与强化,对边疆史地问题也就格外关注。如梁启超《中国近三百年学术史》所说:"大抵道(光)咸(丰)以降,西北地理学与元史学相并发展,如骖之有靳(驾辕两马当胸的革套)。一时风会所趋,士大夫人人乐谈,如乾嘉之竞言训诂音韵焉,而名著亦往往间出。"这是关系到民族地图完整性、民族主权的完整性的问题。直至后来的王国维、陈寅恪、陈垣、傅斯年、顾颉刚等,都是从历史学、从民族意识层面上重视边疆史地问题的。反观后来的文学史研究,恰恰是缺了这种深厚的历史忧患意识。所以我们要把边疆的少数民族的文学,它们的文学创造、文学活动、文学形式,以及它们与中原文学之间的关系揭示出来,从版图完整性上去补救文学上的边疆史地研究的欠缺。在这个问题上,前辈学者的眼光和器识对我有不少启发和鞭策。

第三个启发是对文学谱系的追踪。文学的人物形态、立意设象、文体表达形式等因素存在着断续变异、层累增减的发展曲线,对这些有生命的曲线的考索认证、排比勾勒和意义阐释,可以推进对文学内在血脉把握的精神深度。比如说王国维的《宋元戏曲史》,和鲁迅的《中国小说史略》被合称为中国文学史研究的"双璧",是做得极其坚实的文学文体史,就成功地采取了谱系学的方法。元代的戏曲是发展成熟了的戏曲,唱词、表演、脸谱和角色,还有在舞台上的其他因素,都汇聚组合成一个富有文学表现力的体制。王国维抓住了这些要素,追踪它们的源流演变,从古代的巫风、楚国的巫扮演神的唱词和舞蹈开始,考证和梳理其历史脉络,包括脸谱、角色的生旦净丑是怎么演变和叠加的,使这些最有中国戏曲特征的要素都得到有根有据的合理说明。就拿旦角来说,在历史文献中有十几种名称,它们之间的关系是什么?唐朝参军戏中的"参军",王国维认为"净"是它们的促音,对这样的谱系内容的清理,发人所未发,考察在谱系中有哪些地方丰富了、哪些地方发生了变异、哪些地方有了交叉,就把整个历史的脉络勾勒得眉目清晰了。追踪重要的文化因子的谱系,把历朝历代的相关文献加以排比、考证和阐释,我觉得这种治学功夫是极其有效,应对取法的。

第四方面是"名目"的创设。名目是对文学类型、文学现象的定性概括。要把握文化法则,如果没有关键词的精心设置,往往事倍功半,甚至徒劳无功。比如说,严复创设了天演论,"天演"两个字不是简单的"进化"的翻译。中国人的天既是自然,又是一种外在的带有彼岸性的命运意识,以"天演论"翻译进化论,在翻译的过程中,把中国的天的观念意识加进来了。鲁迅的《摩罗诗力说》中,"摩罗"大抵指的是浪漫派,拜伦、雪莱等都是属于浪漫派的。"浪漫"这个词在当时日本汉字中是很常见的,但鲁迅没有用这个词,而是从中国的佛经的翻译中借用了一个翻译魔鬼的词"摩罗",称呼"魔鬼诗人",以强调他们反天抗俗,目的是强化抗争意识,求索着民族在救亡崛起时的不可或缺的内在的意志和力度。要是译成"浪漫",男男女女风流韵事也可能被混认或误认为浪漫了,鲁迅强调的不是风花雪月的那一面,而是他们的魔鬼性这一面。如果简单地翻译为浪漫派,就可能把具有鲁迅特质的东西丢掉了。创造一个名目,使学术找到一个解释的关键,对于一个成熟的学者来说是很重要的。如何从我们传统的智慧储藏里寻找设立名目的语汇,前辈学者已经给我们提供了许多有价值的经验。"物竞天择,适者生存",胡适当年为此而改了名字。整个民族救亡中的危机感,用生物界的竞争非常震撼人心地表达出来了。我自己也深切感受到,提出"文学地图"的概念、"文学图志"的概念、"边缘活力"的概念,这些名目的设立,为我思考解释文学与中华民族共同体的内在精神的联系,提供了强有力的学理支撑点。

安:您提到了名目的创立,您在这本《中国古典文学图志》中就创设了一个新名目"文学的田野调查",让人耳目一新,为之一振。许多人把文学研究看作只需埋首于书斋就可以了,田野调查是社会学的专利,本身就含有对文学的偏见。关于文学地理学、文学民族学、文学图志学等重要问题,您都有过比较详细的阐释,那么您的"文学的田野调查"似乎也远不止是文学图志的附属物,您心目中的"文学的田野调查"究竟是怎样的一种方法?它对文学的研究意义何在?我们又应该如何去运用呢?

杨:田野调查在民俗学、民间文学的研究中,在口头文学研究中,是有它的传统的。但是作为一般的文学研究,这个名目的提出,也许算得上是我的一种努力,是我长期思考和实践的一个结果。为什么提出这个概念呢?因为你把地理的概念、图志的概念用于文学之后,要实现这些理念,就必须和文学的田野调查联系在一起。中国古人讲"读万卷书,行万里路",就是要用自己的脚趾头去丈量历史的脉络，把田野调查看成寻找土地的灵魂。

一是可以踏勘历史遗迹。比如你研究欧阳修，到不到欧阳修的家乡庐陵，感受是很不一样的。你到了江西的庐陵（就是现在的吉水），看到欧阳修留下了一个祠堂，一个泷冈阡表亭，睹物思古，怦然心动，就会很深刻地感受到中国农业文明的宗法文化、孝文化有着如此巨大的力量。欧阳修花了二十年写了一篇《泷冈阡表》，写他的父亲很早就去世了，他的母亲如何勤俭持家，有仁爱之心，怎么教子有方，使他脱颖而出、光宗耀祖，母亲的辛苦、母亲的功劳，要让后人世世代代记住，这在《古文观止》中是被评点为"至情至性"的文章。庐陵那里立了一座很高的碑，碑的前面就是《泷冈阡表》，碑的后面就是他家族的谱系，盖了一个高大、端肃而体面的亭子，就是泷冈阡表亭，看了之后，心里的确会有很大的震动。如果不到欧阳修的家乡，可能会研究欧阳修的其他文章如《醉翁亭记》《秋声赋》等等，但你到过那里后，你就不得不给这种宗法文化、孝文化写上浓重的一笔。踏勘遗迹，能进入历史的现场，看历史上哪些东西留下来了，哪些东西受到人家敬仰，体验到历史的沧桑感或废墟感。踏访苏州的石湖，发现范成大的石湖别墅还在，范成大纪念馆里面还有《四时田园杂兴》六十首，被刻在碑石上，寂寞地摆在那里，积满尘土，一个参观的人也没有。旁边小山的一个野庙，不过是乡间很普通的小庙，香火甚旺，两相对比，可见现在中国人的文化素养和信仰状态。观看就是发现，对中国文化的萧条、冷落的状况，感触良多。石湖别墅不远就是横塘，横塘是过去很有名的地方，贺铸的《青玉案·横塘路》词云："凌波不过横塘路。但目送、芳尘去。……若问闲情都几许？一川烟草，满城风絮，梅子黄时雨。"表达了对幻美的追求和幻美失落后的惆怅。范成大也有一首《横塘》诗云："南浦春来绿一川，石桥朱塔两依然。年年送客横塘路，细雨垂杨系画船。"锦心绣口的诗词，描写山川秀美，那种情感就像清泉在你心头荡漾着微妙的波纹。你现在去看横塘，桥还在，塔依然，但是旁边是一个什么工厂，"绿一川"看不到了，"细雨垂杨"也是伊于胡底了，就像鲁迅要写杨贵妃的小说，去西安看了曲江之后大倒胃口一样。通过田野调查品味历史的沧桑，体察人和自然相处的状态，你对如何留住诗的美就会有新的感知。

　　二是可以收集地方文献。文学的田野调查为研究者进入到历史提供一种新的可能，你到了当地，可以看到许多别处不多见的地方文献。地方一般都还是以本地的文学家这类历史名人为荣的，对他们的著作、甚至流传于民间的轶事整理得比较细致，甚至为作家整理出版过全集，也舍得花力气去精心搜集各种各样的碑刻、图像和画谱。要搞文学图志，你到山东淄博蒲松龄纪念馆去，可能同时买到两三种蒲松龄的画册，里面有几十种名篇写意图和蒲松龄像，而且还可以看到他的故居，他的坟墓、他父母的坟墓，他的草寮，这些都会给你很深的印象，提供很重要的知识背景、地理历史的背景。

三是可以考察作家的家族状况。古代作家的后代可能还住在那里,幸运的话还可以看到他的族谱,看他的家族是怎么迁移、怎么联姻、怎么延续的。比如到曾巩的故乡江西南丰,就可以看到他的家谱,结合曾巩和王安石的集子,就会发现曾家、王家,还有一个吴家,三个大家族的连环婚姻的状况。曾巩的祠堂,曾文定公祠把他辉煌的家族史都展览在那里了,两宋期间曾家出了51个进士,曾巩的姑妈就是王安石的外祖母,这样的关系对两宋的文学政治、北宋的党争都产生过很深切的影响。

四是可以跟地域文学的专门研究者进行全国性和地域性的对话。田野调查包括历史遗迹的存废,包括地方的文献、地方作的画集、研究集,除此以外,还可以同地方文化的研究者对相关内容进行探讨和商榷。当地的研究者处在那个地方的都有一种自豪感,相关领域也研究得比较深细,可以和我们优势互补。比如说河南的文学院写了一本《河南文学史》,开头的第一句话就是"唐以前的中国文学史有一半是河南人写的",这种地理的、历史的优越感,能够提供种种的材料证据。你到了河南之后,你就要思考了,为什么唐以前中国的文化人以河南人最多,宋以后为什么就不敢讲这个话了呢,宋以后文化中心的转移,是个什么样的状况,哪些家族转移到什么地方去了?晋朝永嘉衣冠南渡,河南陈郡的谢氏家族就迁移到南方去了,那迁移出去多少大文学家啊!还有山东琅琊的王氏家族也迁移到南方去了，两个家族有作品存世的文学家占了南北朝的八分之一。王谢家族之所以名人辈出，一是当时门阀制度下的教育条件，二是他们的诗文有抄写出版的条件，能够传下来，家族的条件提供了培养文学人才和传承文学文本的经济基础。黄河在宋朝庆历年间以后十年九患，造成中原环境的荒芜和文化中心的南移，到当地看了后才有更深的历史沧桑感。我曾去过李贺的家乡，在河南西部的一个偏远县份的乡镇里，看到街头上有一个亭子，李贺故里纪念亭，旁边是一幅画着大美人的摩托车广告，看到一条几乎断流的河谷感觉可能就是昌谷。后来，我找到了当地的"李贺研究会"的会长，一个地方农业银行退休的干部，他带我去看李贺的故居，找到了一座元代的碑，说李氏家族在哪在哪，这个碑已经倒下来了，断成两截，农民在碑上晒大葱。出了这个村子，看到一座乾隆年代的魁星楼，又找到了一座唐代的古塔。想着李贺当年骑着一头瘦驴，沿着昌谷去寻找诗，有了好的句子就写下来扔到他的口袋里的那种情景，就进入了一种疏野荒凉的临场感。在山西看万荣县的秋风楼，就是汉武帝写《秋风辞》祭后土的地方，"秋风起兮白云飞，草木黄落兮雁南归"。秋风楼是当时北方最大的后土祠，原来建在黄河里面的沙洲上，那个沙洲叫做"脽上"，脽就是屁股，地在汾阴，是汾水和黄河夹着的沙洲，是女人的阴部，为生育之神所居，传说女娲抟黄土造人就在沙洲芦苇荡的深处。从秋风楼的小册子和当地文物部门人士的交谈中，你对古人的信仰，古代的神话传说都有了更直接的可以引起你的考辨兴趣的乡土资源。在秋风楼的对岸，隔着黄河，就是陕西韩城司马迁的祠堂，史学大师和女性祖神遥遥相对，你去看了之后就会有很多的书本上没有的念天地之悠悠的感受。

文学的田野调查让你进入历史现场中，思绪穿行于古今，不断地思考古往今来的文学浮沉盛衰。曾经前人登临作怀古诗的地方，你思考着历史是否可以和如何能够复原，情景现场产生了"文化回音壁"的效应。脚踏在这方土地，心连着文学的脉络，遗址撞击着心灵，访谈纠缠着思绪，文献修补着残缺，田野调查可以激发你对历史的深层沉思、对文学的透彻感悟。

安：田野调查法，除了可以获得临场感，获得难得的珍贵的资料之外，您刚才也提到了另一个重要的问题，现代能看到的很醒目的建筑都不是当时的旧物，多是后人修建的，甚至是今人修建的，是当代人的一种纪念方式。您怎么看待这个问题？

杨：现在留下的地面建筑，明清两代的居多。考察遗迹也有一个鉴别真伪的问题，但也要考虑精神的意义。比如我们讲掌故，有所谓李白赋《清平调》，贵妃磨墨、高力士脱靴。但是李白没有当过翰林学士，只是翰林供奉，杨玉环天宝四年才当了贵妃，李白在天宝三年就被赐金还山，但为什么制造这样的传说呢？它本身也是一种精神现象，折射着诗在盛唐被尊为朝野共仰的精神方式。后人给先贤修祠庙、修亭阁，有些可能是根据小说书里来的,根据传说来的,真实的历史是没有的。比如你到马鞍山采石矶李白醉酒赴江捞月处,为什么会创造这样一个想象呢?李白和酒月的生死因缘,本身也是一种值得考察的文化现象。至于现在的过度商业开发,把那些地方弄得面目全非,就有别于它本有的文化价值了。

安:文学的田野调查法的提出,的确能够产生一些新的问题,比如一个地方有不同时代的文化遗迹,它本身就是一个历史的延续,即使什么都没有了,也包含了文化的变迁。

杨:对,比如说到欧阳修退休的地方颍川,自称六一居士的地方,就是现在安徽北部的阜阳。颍川在北宋时期以汴河上通首都汴梁,下达富庶的江淮平原,堪称国之门户。但欧阳修以后的黄河频繁泛滥和改道,破坏了这里的河渠水系,欧阳修笔下秀美风光的西湖,现在变成了一个臭水坑,被黄河泛滥带来的大量泥沙淤塞了。欧阳修的后人住在欧阳村,村头有一个破败的欧阳修祠,颓墙芳草,令人感叹诗的流失,为历史的发展受自然的惩罚而生敬畏。

安:自然景观和人文景观都在变迁。

杨:是啊!我到常熟寻访钱谦益、柳如是住的红豆山庄,三百年前的那棵巨大的红豆树还在。村民把它当神树祭拜,在树头烧香焚纸,烧出一个大洞,长出一个大蘑菇。柳如是歌伎出身,家族是不能让她与钱谦益合葬在一起的。我去看到西涧老人(钱谦益)和河东君(柳如是)分葬的墓,旁边有些草已经除掉了，准备各盖一个新的亭子，也不知盖起来是个什么样子？所以怎么样去保护这些历史遗迹，怎么既让大家可以纪念它，又不过于商业化，过于背离当时的历史背景，而要保留对这个文化人当时的文化情调记忆，并非易事。这都是文化遗产保护的大问题。一些地方大兴土木，不请研究有素的专家出点主意，一味任从长官的权和商人的钱发泄威风，搞出来的东西会使古贤灵魂不安的，于今人也只是多了有碍观瞻的假古董。人文的变迁也多有无可奈何之处，比如明代苏州出了一个王鏊，他是八股文第一，八股文中的杜甫，所谓"天下文章第一，山中宰相无双"。他中了鼎甲之后在朝廷受宦官排挤，退隐苏州，唐寅、文徵明等人都是他的弟子，他和他的弟子在苏州传下八股文的传统，后来苏州出了不少状元、进士，多少和这个传统都相关。所以说，我认为苏州人应该好好研究他，研究他不是去研究他的几首破诗，而是研究他代表的一种文化，对苏州的人才类型、文化品位和园林景观的发展，产生了何种作用。研究古代的作家，不可静止地只观照他留下了几篇诗文，首先要弄清楚他是以什么嵌入历史发展的血脉的，动用自己的悟性来调整研究的切入点。再比如说研究曾巩的祖父曾致尧，过去研究都是他的几首诗、几篇文章，把那些并没有多少特色和建树的诗文作为研究的重点。其实所有这些诗文，还不如他说过的一句话，晏殊的老丈人李虚己与他唱和，曾致尧说"公之诗虽工，恨音韵犹哑"，这个对宋诗的影响是很深的，后来江西诗派的五言诗的第三个字，七言诗的第五个字要响，就是从这里传下来的，曾致尧的这句话比他的那些经过仔细收集才得来的几首诗，在历史上留下更重要的痕迹。写文学史的关键不仅在于搜集材料，更重要的是你在材料中看见了什么。哪些东西是有文学史、文明史价值的，哪些东西他做了但别人已经比他做得更好了。基于这样的观念，我认为写一个民间文学中的刘三姐，比写一个汉语的二三流的诗人更重要。因为通过写她，可以沟通汉族文学和南方少数民族文学、书面文学和口传文学的关系，在形成中华民族共同体的过程中注入了野趣清新的文学音符，形成带有本质意义的文学视境。所以说把刘三姐写入中国文学史，本身就是个别具意义的事件。

进行文学的田野调查，接触了很多平时不大关注的一些地方志的材料，比如说南丰县志、庐陵县志，看到整个地方是什么样的人文地理状况。比如你到朗州（湖南常德），或者到夔州，刘禹锡曾经到过的地方，把它的地方志调出来看，那么竹枝词是怎么回事，根据他自己的叙述，他是在夔州写的，常德的研究者就说了，"杨柳青青江水平"，这是夔州的风光吗？夔州江水能够平吗？那不是朗州（常德）的风光吗？这些问题怎么去解释，会丰富你进入历史脉络深处的思路。

安：问您最后一个问题，对于治学而言，视野、方法之外，资料的问题的确是不容忽略的问题，您对原始文献的重视和征引资料的准确性、合理性的谨严在专著中也都有充分的体现，治学中资料的运用背后是一个学者的治学态度和治学精神。对于一般研究者来说，收集、整理似乎下点功夫就能有所收获，但选择并最终合理运用材料就往往感到力不从心了。您是如何在浩如烟海的材料中做到从容不迫、游刃有余的？为什么在别人眼中一些已经用滥了的材料、或者别人认为没有研究价值的材料经由您的发掘就会俯仰生姿？

杨：我觉得文学研究中的文献收集考证是个硬功夫，不锐意穷搜是不敢贸然下判断的；但是透过文献学看到它的文化的意义是一种真智慧，不调动富有悟性的分析能力，所得也是有限的。我写这本《中国古典文学图志》，经过别人统计引用的材料是1828种，我觉得以一种谦虚、刻苦、实事求是的学风，在一些新领域和相关领域的交叉处投入尽可能多的生命付出和生命体验，是会获得应有的长进的。切不要觉得你在一个方面做好，到一个新的领域也很了不起，人家已经研究了很长时间了，你必须善于从别人的研究中发现优点。我的长处就是读了很多书，也读了很多文章，包括一些辈分比我低的年轻人的文章，都能发现有值得自己学习的地方。当然要做到善于读书，有两点很重要：

首先是读书要有自己的感觉，要联系着自己生命上的敏感的弦。每一个材料进来都能够拨响心灵的弦，催化知识生根发芽，接纳外来的知识结出智慧之果，这要成为自己的精神关注点。比如地域的问题、胡化和汉化的问题，读到这些材料时你要有特别的敏感，读到它时就眼睛发亮。比如说契丹文字是怎么形成的、图书馆中有多少宋版的契丹图书？金人是怎么创造他们的文字的？金人把契丹人、回鹘人等都集合在黄龙府居住，他们共同的交往语言又是什么？是汉语，汉语是他们民族之间交流的公共语言。对于这类材料，由于我有民族共同体意识作为自己的聚焦点，读了之后就有心灵的颤动，能够感觉它内在的胡化或汉化的微妙的方向、轨迹和脉络。有感觉才能把材料化入自己的血肉，把很多材料组织到你的文化阐释体系中，同时也给它们每一种材料以合适的位置，使它们都活起来。你不断地读书，你的精神脉络就不断地生成，不断地伸展，一旦有新的材料，你的精神脉络就更加清晰，更加深入。

其次研究某个问题，一定要有对目录学的关注和储备，对这个领域及相关领域有哪些重要的书、重要的研究成果需要阅读，都应心中有数，直至了如指掌，以便"钩沉索隐"、"披沙沥金"。这样再调动或弹拨心灵那根弦，以你关注的焦点照亮材料，这样看材料才不是死的，是活的，是有生命的，材料蹦出来和你对话。同时也要做一些笔记，更要把读书有心得的材料记录下来，加以归类，标出关键，日积月累，就可分出层次，理清逻辑，深化思想。读十遍不如写一遍，一旦动笔，就要考虑这些材料的价值在哪里，在那里应该跟古人有什么交流，这样材料才可能化到你的知识网络之中，化成你的智慧。你只有具备了这个网络，这些关注点，这根弦，你才能够把材料读精、用透。

一个人的精力是有限的，面对浩瀚的知识，你不可能都读完，但要读对你而言重要的材料，带着你的问题去读它，用问号（？）那个钩子，勾出感觉来，勾出生命来。材料经过记录和深度整理之后，你就忘不了，它跟你聊过天、和你对过话。你不光看到了它的面，而且看到了它的心。所以我觉得对材料的使用需要不断的思考，可能开头思考的时候，原先设想的这根弦拉得有点偏离，但是只要有这根弦在那里，就可以根据新的材料不断地调整，或者这个弦延长了、或者分叉了，这都很正常。你看我的同题讲演，这次讲演比上次讲演可能多出了那么几句话，或者是有增加了几条材料，或者增加了新的分析、新的引申。出现这样的情况，就是因为你有这根弦在那里。所以我这个人比较笨，不是靠一两篇文章暴得大名，而是靠不断思考、不断书写，才能不断地往前走。总是今天看着昨天的东西不太行，过个三年五年之后，就会发现某个问题还有很多新材料可用，还应该说得更好、做更深入的引申。你原来的知识体系、解释体系布满弦，而且不断地增生，发生着新变，你的神经、触觉更加敏感。以思想弹响材料的弦，又以材料弹响思想的弦，弦弦对弹，妙音自出，这对读书很重要，对材料的选择和运用也很重要。

安：这个可能正是您在《光明日报》上的文章《读书的启示》说到的"是人在读书，而不是书在读人，人是主语"。照您的意思再衍生一下，做学问应该是人在做学问，而不是学问做人。

杨：对，如果在研究主体上有不少敏感的神经，一旦触到新的材料，马上会多弦交鸣，思考很多问题。任何一种学问，要做好做活，都必须开发对话的可能，产生一个对话的系统，如果能够如此，原来的知识系统就会不断地丰富、修改和提高。有的科班出身的人很容易固守私门，只有我讲的对，我只讲我的话，这样的学问很容易做死。做学问应该是开放的，在这个知识系统里面放进另一个知识系统，比如说在文学研究中放进考古学，或在文学研究中放进地理学，新的维度进来之后就触动对话，智慧是在交叉中升华的。学科的进展往往是一种学科视野中增加另一种学科视野，产生了对话关系，生成了新的学思空间。

重构现代中国学术方法
——杨义教授访谈（袁盛勇访谈）

袁世勇：杨老师，从1950年代中国现代文学学科创构时起，部分现代文学研究者的研究旨趣的走向是很有意思的：作为该学科创建者之一的王瑶是从古典走向现代，多用古典眼光来参悟现代文学；当代的赵园和陈平原诸先生却相继从现代走向了明清……但走得最远的恐怕还是您。您从现代迈向远古，又从远古反观现代，走得那样坚实而自信。能结合您的学术研究历程谈谈这个"走向"吗？

杨义：我一直以为，做任何学问都不应该只有一种治学的方法，不能只有一种声音。我们要学会相互尊重。治现代文学的是应该打开自己的视野，不要太局限于那么一个短暂的时段，但是，要由现代再折回古典，而且要把学问做得地道，做得有个性，让人信服，实非易事。这要根据自身的情况来定，不能当作一种时髦来赶。

就我个人而言，我在走向古典文学和中国诗学等研究领域之前，主要是个现代文学研究者，也已经出版了一些学术专著，比如《鲁迅小说综论》《京派与海派比较研究》《中国新文学图志》以及三卷本的《中国现代小说史》等等。因此，倘若我继续停留在现代文学研究领域，即使再接着去写十几本书那也是没有问题的。但是我当时有一种意犹未尽的感觉，特别是在写完那部150万言的《中国现代小说史》之后。我总觉得现代文学三十年这个时段太短了一点，如果把它放到中国文学和世界文学的总体进程中来看的话，恐怕很多问题必须要把时间段拉长之后才能看清楚。因此，我想作一次较为大胆的学术调整，想去探本溯源，去更深地探究东方文明的某些实质性的东西，于是，我毫不犹豫地转向了古典文学。

不过，我青年时代就对这个古代的知识感兴趣，并非心血来潮，我曾经熟读过《史记》《资治通鉴》等一类史书，也曾热衷于中国古典文学。尽管如此，老实说，我当时还是有些谨慎的，因为现代文学和古典文学在当代的学科体制中是隔行如隔山，学科分割既很严密，也相当古板，至少这种所谓跨学科行为在那些五六十年代成长起来的学者间还没有人大张旗鼓地去做。这种跨学科的研究行为，涉及的不仅是个知识结构的问题，还有个思想方法问题。搞古典文学和弄现代文学的学术方法确实不太一样。还有个话语转换和评价体系的问题，它们也是很难对付的。

搞古典文学的和弄现代文学的总是相互看不起对方，不知是什么原因，反正在中国好像已经形成了这么个传统。正因为如此，我在当时虽然想更多地还原一种中国文学的原本性和整体性，但还是选了一个可以发挥我的学术优势的《中国古典小说史论》研究项目。这可以说是为中国现代小说的发展去探寻它的源头，是符合我的学术研究的内在逻辑的，也是易于为古典文学界所认可的。这方面的成果集中反映在我的那本《中国古典小说史论》中。我后来一不做二不休，又相继从小说入手研究叙事学，然后转到诗歌，转到诗学，写作出版了《中国叙事学》《楚辞诗学》《李杜诗学》等几部著作，在海内外的反响都还不错，也曾引起过学术界的热烈讨论。

袁：是的，您给我们这些年轻学人的印象是，您就像个不倦的登山者，也像个学术战略家，因为您总是过那么两三年就能给人提供别样的学术研究成果来，每一部著作出来也几乎都能在学术界引起一阵震动。据我观察，您近年的学术研究又形成了一些侧重点，一些新的学术生长点，能详细谈谈吗？

杨：我现在手头在做的其实是三个东西：一是重绘中国文学地图。这是因为我原来的学术是从鲁迅开始、从现代文学开始，后来才跨到古典小说、古典诗歌，由于职业的原因，又跨到对一些少数民族文学现象进行探讨。经历了这么一个问学过程，使我感到有必要形成一个中国文学的总体观。

对这个总体观，我苦思冥想，终于想到"重绘中国文学地图"这个命题。这是一个旨在以广阔的时间和空间通解文学之根本的前沿命题，而过去的文学史结构，过于偏重时间维度，相当程度上忽视了地理维度和精神维度，于是不同程度地造成了文学研究的和知识根系的萎缩。当然，重绘这个问题是很复杂的，带有根本的挑战性，它在学理层面至少牵涉到与文学相关的民族学、考古学、地理学、文化学、语言学以及图志学等方面的知识，而其间的任何一个知识领域都够你研究一辈子的。我曾说过，重绘中国文学地图是我的一个梦想，但不论是个梦想也好，是个乌托邦也罢，我正在一步一步地走近它。

　　第二个正在做的是中国古典文学图志。这方面我已做了十几年了，如果从那部由我主笔的《中国新文学图志》算起的话。以图志的方式来写古典文学史，其实不单纯是我的个人兴趣，我是把它作为一种带有原创性的专家之学来做的。跟古典文学相关的图，我已积累了两万多幅。比如说我手头关于苏东坡等明清以前的图片就有五百来种，关于王维的有一百多种，对它们之间的渊源变化、它们之间反映的后人对前人的接受的历史、它们所反映的各个朝代的士人风习，就可以做一番比较研究了。这种研究的基本特征，就是把文学史、艺术史和文明史相互沟通，这样写出来的文学史就不再是一个封闭的系统，而是文史掩映、图文互释，是用文字、图画、文物、实景照片等多种语言符号，来激活人们阅读过程中的情感、理智、感觉和悟性。这样的图志表达法，其实形成了一个新的互文系统，从而构成文学史写作中的一个新的存在样式与阐释空间。

当时我首先想尽力做好的是公元10—14世纪的文学图志。这个图志大概在2006年就可以跟读者见面了。为什么先写10—14世纪（宋辽金元）呢？应该说，宋代是一个时间比较长、文明发展程度很高，但也是在当时中国的地理版图上比较有限的朝代。有限是说它一直面临着很严重的民族冲突问题，宋之北面有辽和金，后面崛起一个蒙古，西北有西夏，再往西去有回鹘，回鹘又分了好几个国家，西南还有吐蕃诸部以及大理国，于是整个中国自然就发生了各个民族重新碰撞重新组合这个严重问题。因此，要探讨中华文明史怎样形成我们现在这么一个多元一体的民族共同体的进程，要探讨文学的民族学和地理学的学理，要探讨中国文学在其形成过程中客观存在着的汉化和胡化问题，都有必要对宋辽金元时期的中国文学地图给出一个全新的绘制。我在这部图志的写作中就是抓住这些关节点来写的，这样来写就跟以往的文学史大不一样了，它能带着读者进入那个活生生的历史时代，也能让读者更为深刻地体会到"我们付出了什么代价而又从哪里来的"一些复杂而真切的心情。

第三个在做的课题，便是现代中国学术方法通论。这个问题我也是思考十几年了。1992年，我到牛津大学做客座研究员，交叉着在那里研读西方叙事学方面的有关书籍，为我研究中国的叙事学做理论准备，也在那里研读了不少20世纪中国学术大家的著作，比如王国维的、陈寅恪的、闻一多的，等等，思考他们做学问的时候，是怎样博学深思的，他们具有怎样一些特别的文化态度和学术方法。我想，何不把这些20世纪中国出色的学者的学术贡献和治学方法做一梳理和总结呢？不久以后，我就对此做了一些更深的思考，也发表了一些演讲和文章，觉得心里还是有底的。于是，在人民出版社为我出的那套《文存》的第九卷就预告了《中国现代学术方法通论》将要出版。

袁：关于上面您介绍的"重绘中国文学地图"等方面的内容，记得去年邵宁宁博士跟您已经做过一次访谈，所以我接下来想把话题集中在对学术方法的探究上，既想探究您的最新研究成果，也希冀借此对您本人的学术方法有一个更为深入的了解。首先，在我的阅读印象中，您那些皇皇大著不仅资料翔实，下了过硬的文献功夫，而且有着非常令人可惊的感悟力的凸现。您在自己的学术研究中出色地贯穿了您的生命体验和审美感悟。请问：这是您的一种自觉追求吧？

杨：我的每一次差强人意的学术成果的面世，都能给我带来安慰，甚或惊喜，因为它们灌注了我的心血，我的生命的很大一部分都沉潜其间了。好的学术研究其实就是一种生命的投入，它是你的另一种带有智慧的生命形式，它带着你的生命和智慧的体温。我一旦进入我的学术研究时空，我就能忘记身外的一切，这可能也是我的一点特色。当然，这也是磨砺出来的。比如，我写那部《中国现代小说史》，花了整整十年时间，可说真正做到了心无旁骛：我十年如一日地沉浸在阅读原版书籍、跟作者和历史进行心灵对话以及不断地写作中，这十年我从来没有离开北京开过一次会，想来是会很寂寞和痛苦的吧，但我总的感觉却非常愉快，特别当我在阅读和写作中有所感悟和有所发现的时候。

我之研究文学，非常推重悟性。文学这个东西本身就是充满了异常灵性的，研究文学而没有悟性那是不可理喻的。感悟是个奇妙的东西，因为在我看来，它是中国智慧和思维能力的传统优势所在，是中国文化中的一种诗性的潜哲学，它在本能和认知、情感和理智等许多层面，都曾给中国文化的发展提供了不少奇妙的融贯和升华的通道，在作诗、治学和求道中，感悟运用得妙，就能使你的智慧潜力在霎那间得以敞开，就可能知天地之道、觉天地之心、察天地之机。正如钱锺书所言："学道学诗，非悟不入。"

但是，仅有这个"悟"行不行呢？不行的。我们的感悟应该建立在阅读大量原始材料和研究资源之上，因为学术研究首先是一种锲而不舍、持之以恒的艰苦磨炼，非从读书破万卷的深厚扎实的材料文献功夫开始不可。缺乏材料文献之米的巧妇是难为无米之炊的。冯友兰在谈论中国哲学史史料学时，提出了搜集史料要"全"，审查史料要"真"，了解史料要"透"，选择史料要"精"。这全、真、透、精四字诀，值得认真记取。我的那部《中国现代小说史》，并没有什么高深或新潮的理论指导，它的成功主要建立在我阅读了两千余种原版图书资料的基础之上。钱锺书做学问，他往往首先要找一个经典著作里最好的笺注本子，比如说《史记》，做得最好的是哪一本，《楚辞》做得最好的是哪一本。总之，你首先要去找一个范本或权威的本子，要读那些带有历史可靠性和权威性的原始材料，参之以出土的、外来的和相邻学科的材料，以此锤炼你穿透材料、逼出意义的能力，并在这之上，你再去跟原著者和研究者发生更高层次的对话，你就可以加进去成为第三重声音，做出自己的解释。

袁：可是，我们很多人做学问，读的也是原版书，也是原始材料，对相关的研究资料也读了不少，但就是写不出有多少感悟力的文章，不知这中间跟一个人的天分有否直接的关联？

杨：天分肯定是有作用的，但不要太迷信它。学术之途就像一个缓坡，你要不断地往前走，时间久了，你自会发现并创造一些诱人的风景。就拿我的那部刚刚做完的《现代中国学术方法通论》来说吧，其实八年前我在福建就做过类似的讲演，题目什么的都差不多。但后来当我阅读的材料更多、把相关问题思考得更深的时候，我发现以前的那些讲稿都不能用了，勉勉强强用上一点，也会觉得很别扭。八年后的现在，我再回头去看，好像对同一个问题的思考是上了一个台阶了。所以，学问是慢慢琢磨出来的，你读书多了，思考多了，所谓日积月累水滴石穿，水能够锲而不舍、天长地久地滴在一个点上，看似细微、柔弱的东西就会产生匪夷所思的穿透力，顽石脑袋一旦滴穿，就会透出悟性的亮光,慢慢生成较为理想的精神能力,这绝非投机取巧、浮躁竞进所能奏效的。不过在这个治学过程中,那滴"专注的水"首先应滴在哪个点上呢?我觉得有这么个问题还是值得提出来加以讨论的,这个问题是我们文学所的老所长何其芳先生说过的,就是读书要重视自己的第一感觉。

做学问,不仅要知道历史上、文本上或文学史上客观地存在什么,更重要的是要捕捉到你看见了什么,所以我们就要重视自己读书时的第一感觉,因为它是你活生生的生命的一部分,它虽是朦朦胧胧不成体系的,但它包含着你的思想的萌芽,因而是非常宝贵的,我们要抓住它、重视它,而不要让很多概念蒙蔽了自己的眼睛。现在有不少博士论文缺乏创见,一个重要原因就是这些年轻学者还缺乏感觉,对自己的第一感觉重视不够。我再强调一下,你要想做好学问,首先要重视自己的第一感觉,因为那是你的内在生命与研究对象所蕴含的另一个内在生命进行对撞时所产生的精神火花,是一个新的见解诞生的前兆。

袁:您近期对"感悟"好像正在进行更为深入的理论研究?

杨:是的。我在对现代中国学术方法进行研究和重构时,对感悟在中国文化中的价值和它在现代学术进程中所经历的现代性转化等问题发生了强烈兴趣。感悟是中国文化中的一种融合着主客体的心本思想或道源思想的表现形态,是中国文化中最有特色的一种思维方式,也是一种创作、批评和研究的精致的方法。深入地研究感悟的本质、功能、特征等方面的问题，自会成为一个能够激活中国智慧和研究方法的关键点。在这点上，我是受到了王国维的启发的。王国维的《人间词话》，最重要的贡献就是取资于佛学，凸现了"境界"作为核心术语，从而把这个术语做大了，做活了，把它带进了现代文论的知识体系。这是颇能给我们一些方法论的启示的：要对古代文论甚至中国文化中的一些关键性术语进行现代阐释和转换，不能眉毛胡子一把抓，而要有所选择地做重点性突破，要遵循"与其伤其十指，不如断其一指"的通则。因此，我对感悟的系统梳理和阐释是带有那么一种方法论意味在里边的。这一点，恐怕除王国维之外，只有宗白华、钱锺书和晚年的朱光潜，可以深入讨论，一般的文论家往往离开西方理论的拐杖，就寸步难行，无话可说。这是很可悲哀之事。

我认为，没有感悟的诗学不能算作一种地道的中国诗学，没有感悟的文化也不能算作一种地道的中国文化。如钱锺书所说："学道学诗，非悟不入"，"神来兴发，意得手随"。只要你用中国语言来论学，都会自觉不自觉地滑向感悟的体验。因此，我们不仅应从中国文化的特质出发去构建感悟诗学，而且应构建感悟哲学，其目的当然不是要去与所谓偏重于分析和思辨的西方哲学相抗衡，而是要以一个中国人特有的文化姿态，直接面对中国文化的特性，对世界文化和智慧的发展做出自己的贡献，让世界也能听到来自我们这个充满智慧的东方国度的声音。感悟融合了主客观、融合了理情性的深度知觉，在生命与智慧的瞬间爆发，照亮万象，连类设喻，贯通无碍，径直叩问中国智慧与诗学的根本。如明人刘宗周《人谱》所云："真知如明镜常悬，一彻永彻。尝知如电光石火，转眼即除。学者由尝知而进于真知，所以有致知之法。"这是对感悟认知的简捷描述。

袁：在这点上，您是相当自信的一位学者。我们注意到，您在不同学术场合总会强调一个东西，就是要善于发现和守护中国文学和中国文化的原创权，要给中国文学和中国文化发一张中国式的身份证，让它们跟世界文学和世界文化发生富有智慧的对话。您认为您的这种自信来自何处呢？

杨：中国文化是一种富有原创性的文化，没有原创性，中国文化会发生这样源远流长的传承和影响吗？因此，我主张回到中国文化原点，对中国文化进行一种还原性的研究。所谓还原，在根本上就是要善于发现中国文化的原创性。这也是一种尊重并立足中国经验的文化态度。湖北荆门市郭店楚墓竹简《成之闻之》说："是君子之于言也，非从末流者之贵，穷源反本者之贵。苟不从其由，不反其本，未有可得也者。"这种穷源反本思想，包含着非常深刻的文化智慧。具体到文学和诗学方面，经过数千年多民族的创造，中国经验已经积累了世界上第一流的资源。问题在于我们要高度珍惜和深度开发这些资源的深层智慧，从中转化出古今相贯的现代品格和中外共享的世界价值，使之成为名副其实的人类共同财富。我认为，只有从中国文学和诗学的原创性出发,我们才能使中国诗人获得恰如其分的世界性位置,才能建立具有中国意味的现代诗学理论和话语体系。

对于这种学术方法论的关键之处,我在《楚辞诗学》中有所思考,在《李杜诗学》中有所拓展。比如,人们以往把屈原、李白等创作的诗歌都用一个西方的浪漫主义来加以界说,这就是很不尊重他们诗歌之原创性的表现。在《楚辞诗学》中,我系统地清理了先秦文献和楚国文物,从楚辞文本中寻找出屈原不同于荷马英雄史诗的"心灵史诗"的独特创造,以及把心理冲突神话化和戏剧化的诗学原理。鲁迅说:《史记》是"史家之绝唱,无韵之《离骚》",反而言之,《离骚》岂不是"有韵之《史记》"?还可以在《天问》中,寻找出屈原"以天问人"的富有哲理意味的视角,以及借助诗画相通的古老命题实现人类诗史上第一次大规模的时空错乱的审美原则。凡此种种,都是以往"楚辞学"不甚关注、却具有中国原创性和现代价值的诗学发明,也是西方的浪漫主义一类术语概括不了的。在《李杜诗学》中,我发现,李白的诗学思维方式实际上是一种醉态思维,即把醉态融入笔墨,变成生命方式和思维方式,这也比浪漫主义更具有本质特征。用现代眼光反观原本,得到的是一种有根的原创性学术。

袁:那么,对于建立具有中国特色的现代诗学来说,我们要如何才能发现中国文学和诗学的原创性呢?合理的构建路径应该是怎样的呢？

杨：这个问题非常复杂，有多种治学方法，也有多条构建路径。但我认为，最有效的方法和路径恐怕是直接面对经典作品本身。因为屈原、李白、杜甫、苏轼他们本身的智慧是更具有创造性、原创性，而且他们的智慧应该说是高于那些诗话诗评的作者，那么我们为什么不面对这种更有原创性的、更多阐释可能的、因而也更高明的经典智慧呢？所以我就主张直接从李白等人的诗本身去构建我们的诗学。我这样讲可能跟我国学术界原来的操作程序有些不一样，因而也有人跟我商榷，比如他们说诗学就是要研究诗论、诗评或者诗话，并且认为只有研究宋元明清时期这些诗文评的观点才叫做诗学。

我不否认这也是诗学，其中也有不少值得珍视的感悟所得、比较所得、思考所得，应该认真地对其源流衍变进行系统的清理。但这是再生性诗学，原生性诗学必须面对伟大的杰出的作家、杰出的经典。其实，外国很多最有创造性的诗学理论，都是直接面对经典的。像巴赫金的诗学理论，他的狂欢理论和对话理论，还有像托多罗夫研究《十日谈》，艾略特谈英国的诗，他们都是直接面对经典本身，直接面对一部部创作的原始生命和纯粹审美体验的。我曾在英国剑桥大学图书馆普查过馆藏的1975种西方诗学著作，其中70%以上是直接面对经典文本和文艺现象的。我觉得这是他们进行理论创造的一个非常富有启示性的过程，也是一种行之有效的方法。因此，我们有什么理由只去硬搬那些西方的理论术语而不注意追究这些术语产生的过程呢？又有什么理由只去拼凑古代的那些观念术语而不重视现代人在现代知识体系中面对经典的创造性生命体验呢？

我曾说过：李白的诗是写给我看的，而不是待古人和前辈一一看完，我才去亦步亦趋地拾人牙慧。我就仿佛觉得是李白昨晚跟我一块喝酒，他拿起杯子来就做了《将进酒》一类的诗。所以，我以为最有效的诗学建构起点，在逻辑上应该是经典重读和个案分析。我们要认识到中国的诗人在人类思维史、文明史和诗歌史上的原创性、专利权，不能由于西方现成的一个浪漫主义或现实主义的筐子，就一古脑儿地把我们的智慧果子扔到它那儿去，我们还要先尝一尝这果子的味道。拥有中国这么丰富深刻的文化经验，我们完全可以创造出世界上第一流的诗学理论，如果我们有志气这样做的话。所以我们要发现原创，把发现原创这四个字作为我们基本的思维方式。

袁：发现原创，这是一种多么激动人心的思维方式和治学境界。但是，当您强调回到中国文化原点，回到经典本身去发现原创时，可能会让人产生如下一些相互关联的感觉：您在学术创制路径上走的恐怕还是复古的老路，您在文化心态上恐怕还是一个乐观的民族主义者。不知对于这些可能产生的感受，您会怎么来看？

杨：你说的这些感受很有意思，但多半是你自己的一些假设吧，因为这跟我的理论主张相去甚远。我强调回到中国文化原点，回到经典本身，对中国文化进行一种还原性研究，并不是要去进行简单的复古，并非要把中国文化的创造路径拉向远古，而是要在挖掘和承继民族文化中的优秀成分的同时，对它们做些现代性转化。有无这个转化，其性质是完全不一样的。我们的目的是去创制一些新的带有现代气息的学理，并拿这个去跟世界平等对话，从而最终让它走向现代，走向世界。能否说直接面对中国文化原点就是一种文化民族主义的行为呢？能否说我是一个单纯的民族主义者呢？这里所讲的文化还原是有世界视野的文化还原，是有现代意识的文化还原，是要在丰厚的文化资源和坚实的文化原点上对中国文化的现代性阐释和现代性转型做出深层次的学术处理。这是要化古为今，与非今复古是风马牛不相及的两码事。把尊重人类文化多样性，进而主张人类多元文化之间的平等对话，混同于所谓"民族主义"而加以歧视，这是违背学术民主的文化潮流的。

用"民族主义"的歧见，来压抑和打击新兴国家的文化创造力，压抑和打击世界文化的多样性，以维护某些发达国家的"文化霸权"或"文化帝国主义"，这已是司空见惯的不值一驳的手腕。这让我不由想起美国文化崛起的历史。20世纪前期，美国经济崛起，却尚未建立文化优势。在欧洲绅士的心目中，美国人的文化品位就是"欧洲人失落的外甥"或"逃学的顽童"。记得在第二次世界大战的关键时刻，罗斯福总统在宾夕法尼亚大学演讲时强调，要把美国文化中那些经过烈火考验的菁华传给青年一代,因为这是关系到民族生命得以延续的问题。这位高明的总统,似乎带有当代西方文化学者所批评的"民族主义"和新教"扬基(Yankee)精神",但正是沿着这条思路,他们在二战之后把美国总体精神的研究和建构当作国策,才建立了处于强势的美国人文价值系统。这种文化优势连他们的欧洲伙伴也为之侧目。此外,像19世纪美国文艺复兴运动的领袖爱默生,他本是学英国浪漫派文学的,受济慈、华兹华斯等人的影响很大,但是他在哈佛大学一讲演,就宣布美国文学应该从英国文学独立出来。你看,它是先独立出来然后再跟你平等对话,如果没有这一步,那美国文化就不会成为现在这样的强势文化。这个美国的例子,很值得我们深思。你能简单地说他们是一些民族主义者吗?

现代科学技术和经济的发展,已经把"世界性"和"全球化"的命题推到了每个学人的面前,因而,在进行现代学术研究时,把"世界视野"作为首要的方法论问题予以关注,当是一种合乎时宜的创设。世界视野也就顺理成章地成为学术方法论的"元方法"。但是,必须明确意识到,所谓的世界性和现代化不是搞一刀切,不是追求一种模式,也并不等于"西方化"。如果说只有你的模式才有存在权,别人的模式就没有存在权,哪里还有什么民主和自由可言呢?现在的一些西方人,总是觉得只有他们创造出来的文化和理论才具有"世界性"或"现代性",对东方文化,比如印度文化、阿拉伯文化以及中国文化,则用一种不平等的眼光或态度来对待。其实，他们不能用平等的态度去了解，更谈不上理解东方文化，他们只是用他们的观念、在他们的框架里看待东方文化，他们所讲的那种"世界性"和"现代性"是不完整的，因而是残缺的、有缺陷的世界性和现代性。这就要求东方学者，包括中国学者给人类文化的"世界性"和"现代性"提供我们自己的智慧之源。所以，在中国文化研究和创制中，我们也有必要返回中国文化原点，对中国文化进行一种还原的研究，然后再采取平等的学术姿态，跟世界文化进行更为深切的对话。

正因如此，我认为，现代中国学术面临的总体方法或元方法是双构性的，它以世界视野和文化还原二者作为富有内在张力的基本问题。这也是它的总体方法的内在原则和灵魂。两者缺其一，就会发生严重的"失魂"或"失根"的倾斜。应该看到，世界视野和文化还原的双向对质与融合，存在着现代学术博大精深发展的极其重要的动力学原理。没有文化还原的世界视野，是空泛的世界视野；没有世界视野的文化还原，是盲目的文化还原。它们两者是相互赋予生命的。只有真正做到此点，这样的学术才是有大国气象的学术，才能找到自己的生长之机、创造之魂，才能在克服抱残守缺或随波逐流的弊端中，实现一种有根的生长，有魂的原创。

袁：您在研究中无疑是一位非常重视方法自觉的学者，您在刚才的谈话里也向我们阐释了许多带有根本性的方法，这些学术方法对于像我一样的年轻学人来说无疑是非常宝贵的。我想接着问的是：您为什么对"方法"能表现出一种高度的自觉？

杨：这是因为我很早就意识到了方法的重要性。所谓"学术"，分而言之，学为原理，术为方法。有"学"无"术"，学就失去动力；有"术"无"学"，术就失去根基。"学"与"术"兼，才能将学术做得风生水起，波澜壮阔。方法是人类面对世界时自信的微笑和沉着的出招。具体到学术研究领域，学术方法的思考、选择和设定，对于任何一个想有所作为的学者，都是至关紧要的。它是进入学术领地的一把钥匙，一张入门券。不少人在学术领地的门外探首探足，饱尝未窥门径的苦恼，很重要的一点就是他们没有找到合适有效的学术方法的钥匙或途径。其实，20世纪中国的一批杰出的学者，早已操持着各有胜算的学术手段，开拓了各具千秋的学术门径，取得了丰硕的泽润后人的学术成就。在这个现代学术史行列中，行进着严复、梁启超、王国维、吴梅、胡适、鲁迅、周作人、陈垣、陈寅恪、傅斯年、顾颉刚、钱穆、俞平伯、闻一多、朱自清、朱光潜、冯友兰、宗白华、郭沫若、吴宓、钱锺书、季羡林，以及与他们的学术有渊源关系的一些学者。我对这批曾使中国学术发生现代性转型的学者的学术成就和学术方法进行逐渐深入的考察后，留下了一个深刻印象：一部学术史内蕴着一部弥足珍贵的学术方法开拓和嬗变的历史。这种系统而专门的学术方法的考察和融贯，前人似乎没有提到议事日程，因而有必要作一点交代。我们知道，"思想的过程"结晶出"过程的思想"，上述这些现代学者行之有效的学术方法，其实就存在于他们成就斐然的学术经典或名著之中。因而，我侧重于从"过程的思想"去发掘和论证一般的学术方法通则，实际上就是以学术史的材料作方法论的文章。这也是我进行"现代中国学术方法通论"这一课题的研究和写作的基本旨趣所在。